이현아 글 | 모차 그림

학교생활이 불안할 때 똑똑하게 돌파하는 법

한빛에듀

학교가 낯설고 불안할 때
네 안의 강점 보석이 길을 밝혀 줄 거야!

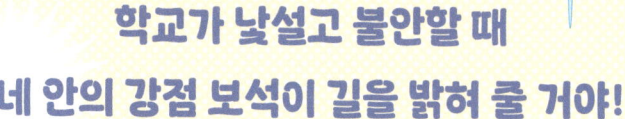

 학교가 힘들어서 혼자 몰래 울었던 적이 있니? 학교에서 생활하다 보면 그런 순간이 있을 거야. 친구들은 웃고 떠드는데 나만 덩그러니 남겨진 순간, 교실에 들어가기 싫어서 숨이 막히고 답답한 순간 말이야.

 사실 선생님도 그런 적이 있어. 초등학교 4학년 때 아는 친구가 하나도 없는 낯선 학교로 전학을 갔거든. 쉬는 시간마다 교실은 시끌벅적했지만 나는 혼자 웅크리고 있었어. 혹시 내가 먼저 말을 걸었다가 거절당하면 어쩌나 하는 두려움에 한 달이 지나도록 입술만 깨물고 있었지.

 그러던 어느 날, 교실 구석에 혼자 엎드려 있는 아이가 눈에 들어왔어. 외로운 내 모습과 겹쳐 보여서 마음이 쓰이더라. 한참 망설이다가 용기 내어 다가가 손을 내밀었어. 그날부터 우리는 둘도 없는 친구가 되었고 30년이 다 된 지금까지도 소중한 우정을 이어 오고 있단다. 작은 용기가 나의 학교생활을 바꾸고 평생의 친구를 만나게 해 준 거야.

그때 선생님은 처음 알았어. 내 안에 분명한 힘이 존재한다는 걸 말이야. 내 안에는 두려워도 한번 시도해 보는 용기가 있고, 친구의 외로움을 알아차리는 세심함도 있고, 새로운 관계를 여는 주도성도 있었어. 아무것도 없이 텅 비어 있는 줄만 알았던 내 속에 이런 분명한 힘이 숨어 있다는 게 놀랍고 참 든든하더라. 이 힘을 더 자주 꺼내서 쓰고 싶다고 생각했어.

선생님이 되고 난 후에 어린 시절 낯선 교실에 들어선 내 모습을 꼭 닮은 아이들을 자주 만났어. 교실에 마음 둘 곳이 없어서 쉬는 시간마다 책상에 엎드려 있는 아이, "저는 잘하는 게 하나도 없어요."라며 고개를 숙이는 아이……. 겉으로 보기엔 늘 비슷한 학교생활 같아도 아이들에게는 하루하루가 낯선 모험이자 새로운 도전이었어. 아이들의 눈을 바라보면 두려움과 불안이 가득했지.

그런데 스스로 마음속 보석을 꺼내는 순간부터 아이들은 조금씩 달라지더라. 실수해도 끝까지 해내는 끈기, 넘어져도 다시 일어서는 회복력, 나와 친구를 다른 시선으로 바라보는 열린 태도……. 이런 보석이 하나씩 빛을 내면서 얼굴이 환해지고 눈빛엔 자신감이 생겼어.

우리 마음속에는 이렇게 삶을 앞으로 나아가게 하는 6가지 힘이 있어. 그 안에는 40개의 반짝이는 강점 보석들이 담겨 있단다.

	삶을 앞으로 나아가게 하는 6가지 힘		강점 보석
1	생각하고 배우는 힘 지혜	• 너는 세상을 호기심 가득한 눈으로 바라보고 배우며 생각을 넓혀 갈 수 있어. • 네 안에는 배우고 탐구한 것을 토대로 지혜롭게 성장하는 힘이 있어.	호기심, 열린 태도, 문제해결력, 창의성, 계획성, 새로운 시도
2	마음을 나누고 연결하는 힘 인간애	• 너는 친구의 마음을 살피고 공감하며 따뜻한 관계를 맺을 수 있어. • 네 안에는 사람을 이어 주고 믿음을 키우는 힘이 있어.	공감 능력, 배려, 친밀함, 표현력
3	두려워도 끝까지 해내는 힘 용기	• 너는 두렵더라도 네 목소리를 내고 실수해도 다시 시도하며 앞으로 나아갈 수 있어. • 네 안에는 두려움을 넘어 끝까지 도전하며 길을 여는 힘이 있어.	용기, 인내, 열정, 실행력, 자신감, 진정성, 단호함
4	스스로 조절하고 다스리는 힘 절제	• 너는 속상해도 마음을 다스리고 상황에 맞게 균형을 찾을 수 있어. • 네 안에는 흔들려도 다시 중심을 잡고 차분히 선택하는 힘이 있어.	신중함, 자기 성찰, 침착함, 유연함, 용서, 경계 설정, 자율성
5	함께 어울리고 지키는 힘 정의	• 너는 약속을 지키고 서로를 존중하며 모두가 함께할 길을 찾을 수 있어. • 네 안에는 옳고 그름을 분별해 공동체를 바르게 세우는 힘이 있어.	정의감, 존중, 협력, 책임감, 신뢰, 소통, 조율, 설득력, 자기 주도성, 기여
6	삶을 새롭게 바라보고 다시 일어서는 힘 초월	• 너는 힘든 순간에도 다시 일어서고 웃음과 감사로 하루를 새롭게 시작할 수 있어. • 네 안에는 어려움 속에서도 의미를 찾고 희망을 키우는 힘이 있어.	의미 찾기, 감사, 수용, 회복탄력성, 유머 감각, 자기 존중

강점은 네 안에서 보석처럼 빛나는 힘이야. 시험 점수나 운동 실력처럼 눈에 보이는 것만 강점인 건 아니야. 넘어져도 툭툭 털고 일어나는 태도, 매일 조금씩 꾸준히 해내는 자세, 스스로를 귀하게 여기는 마음가짐까지. 모두 네가 가진 소중한 힘이지. 누구나 이 값진 보석들을 가지고 태어나지만 그 힘을 꺼내 쓰는 법을 배우지 못한 채 지내는 경우도 많단다.

그래서 이 책을 썼어. 학교에서 맞닥뜨릴 수 있는 60가지 상황 속에서 네가 어떤 보석을 꺼내서 어려움을 이겨 낼 수 있는지 구체적이고 따뜻하게 알려 주고 싶어. 이 책을 읽다 보면 네가 가진 힘을 알아차리고 스스로 꺼내 쓰는 연습을 하게 될 거야. 그리고 책을 덮는 순간, 이렇게 생각하면서 가슴 깊은 곳에서 용기가 차오르는 걸 느낄 거야.

'아, 내 안에 이런 힘이 숨어 있었구나. 오늘은 어떤 보석을 꺼내 볼까?'

선생님은 교실에서 수많은 아이의 변화를 지켜봤어. 주눅 들어 있던 아이가 용기를 내어 도전하고, 끌려다니기만 하던 아이가 자기 생각을 또렷하게 말하게 되었지. 이런 변화는 누군가 대신 해결해 준

게 아니야. 아이들 스스로 자기 안의 빛나는 강점을 발견하고 꺼내 썼기 때문에 가능했어.

이젠 네 차례야. 네 안의 보석은 이미 충분히 빛나고 있어. 그 빛을 명확히 알아차리고 꺼내 쓰는 순간, 매일의 교실이 조금씩 달라질 거야.

이 책이 네 보석을 깨우고
그 빛이 세상으로 퍼져 가는 시작이 되길 바라며.

단단하고 따뜻한 마음을 담아
통로 이현아

강점 찾기 테스트

내 안에 어떤 힘이 있을까?

1. 아래 질문을 하나씩 읽고 나와 비슷한 정도를 표시해 보세요.

○ (2점) 나와 정말 잘 맞아요!   △ (1점) 조금 비슷해요.   ✕ (0점) 나와는 달라요.

	질문	○△✕	점수
1	친구가 속상해하면 먼저 다가가서 따뜻하게 위로해 줘요.		
2	중요한 결정을 할 때는 여러 번 생각하고 신중하게 하려고 해요.		
3	힘들고 지루해도 묵묵히 견뎌 내려고 해요.		
4	실패해도 다시 일어서서 해 보려는 마음이 있어요.		
5	내가 맡은 역할을 끝까지 책임감 있게 해내요.		
6	친구에게 내 마음을 솔직하게 표현하면서 다가가요.		
7	궁금한 것이 있으면 적극적으로 질문하거나 자료를 찾아 봐요.		
8	화가 날 때 내 마음을 차분하게 가라앉히려고 해요.		
9	재미있는 농담이나 이야기로 친구들을 웃게 할 수 있어요.		
10	이따금 내 행동을 돌아보고 생각하는 시간을 가져요.		
11	옳다고 생각하면 흔들리지 않고 밀어붙일 수 있어요.		
12	고마운 일을 떠올리며 감사한 마음을 가져요.		

13	놀이할 때 친구들이 모두 즐겁게 참여할 수 있도록 신경 써요.		
14	하고 싶은 일을 힘차고 즐겁게 해내요.		
15	남들이 생각하지 못한 기발한 아이디어를 떠올리는 것을 좋아해요.		
16	친구들과 마음을 나누면서 가까워지는 게 좋아요.		
17	모두와 함께 정한 약속이나 규칙은 꼭 지키려고 해요.		
18	발표나 무대에 서는 게 떨리지만 그래도 해 보려고 해요.		
19	다른 친구의 생각도 귀하게 여겨요.		
20	힘든 일이 생겨도 받아들이고 내 마음을 있는 그대로 인정해요.		
21	친구가 기뻐할 때 나도 같이 기분이 좋아져요.		
22	목표를 세우고 체계적으로 준비하는 것을 좋아해요.		
23	어려움이 생기면 친구들과 힘을 모아 함께 해결하려고 해요.		
24	하고 싶은 일이 있어도 필요할 땐 참을 수 있어요.		
25	어려운 문제가 생기면 다양한 방법을 고민하고 해결책을 찾아 봐요.		
26	나를 소중히 여기고 스스로 존중하려고 해요.		
27	친구가 고민을 말하면 끝까지 귀 기울여 들어 줘요.		
28	생각한 일을 행동으로 옮기고 끝까지 실천해요.		
29	내 생각과 달라도 새로운 관점을 받아들이려고 해요.		
30	다른 사람과 나 사이에서 지켜야 할 선을 분명히 하려고 해요.		

2. 모든 문항에 답했다면, 채점표를 보고 영역별로 점수를 더해 보세요.

강점 찾기 테스트 채점표

1	생각하고 배우는 힘	문항 번호	7	15	22	25	29	합계
		점수						
2	마음을 나누고 연결하는 힘	문항 번호	1	6	16	21	27	합계
		점수						
3	두려워도 끝까지 해내는 힘	문항 번호	3	11	14	18	28	합계
		점수						
4	스스로 조절하고 다스리는 힘	문항 번호	2	8	10	24	30	합계
		점수						
5	함께 어울리고 지키는 힘	문항 번호	5	13	17	19	23	합계
		점수						
6	삶을 새롭게 바라보고 다시 일어서는 힘	문항 번호	4	9	12	20	26	합계
		점수						

3. 영역별 점수를 그래프에 표시해 보세요.

강점 찾기 테스트 그래프

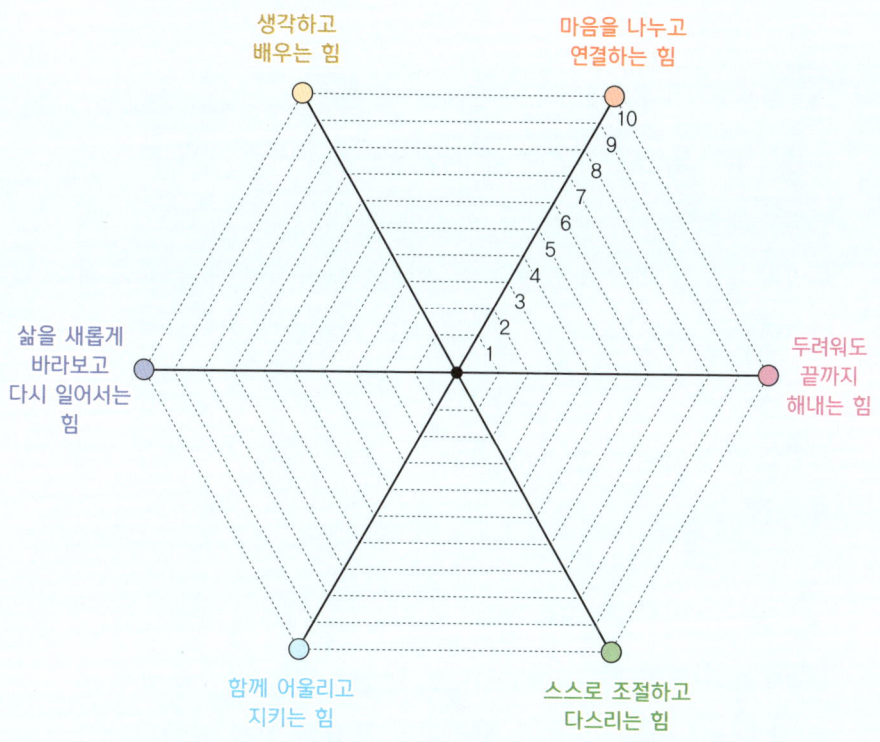

가장 점수가 높은 힘:

가장 점수가 낮은 힘:

결과 해석

① 점수가 가장 높은 힘

　점수가 가장 높은 힘은 네가 학교생활에서 자주 꺼내 써서 자연스럽게 발휘하는 강점이야. 친구와 관계를 맺고 갈등을 풀 때, 수업이나 모둠 활동에 참여할 때, 어려움에 부딪혔을 때 특히 잘 드러나는 힘이지. 이 힘을 잘 활용하면 자신감이 커지고 학교생활을 할 때도 주저하지 않고 앞으로 나아갈 수 있어. 네가 잘 발휘하는 힘은 앞으로도 네 성장을 이끄는 단단한 밑바탕이 되어 줄 거야.

② 점수가 비슷한 힘이 여러 개라면

　점수가 비슷한 힘이 여러 개라면 너는 다양한 강점을 균형 있게 발휘하고 있는 거야. 상황에 따라 필요한 힘을 알맞게 꺼내 쓸 수 있는 거지. 친구와 갈등을 풀 때는 관계를 지키는 힘이 드러나고, 어려움에 부딪힐 때는 삶을 새롭고 바라보고 다시 일어서는 힘이 너를 도와줘. 이렇게 다양한 힘을 발휘하면서 너는 학교생활을 안정적으로 해 나갈 수 있어.

③ 점수가 낮은 힘

　점수가 낮은 힘은 아직 덜 익숙한 강점이야. 어떤 힘은 눈에 잘 띄지 않다가도 새로운 경험을 만날 때 불쑥 드러나기도 해. 점수가 낮은 부분은 네가 부족하다는 게 아니라 아직 펼쳐지지 않은 힘의 가능성을 보여 주는 거야. 네 안의 힘을 하나씩 발견할수록 학교생활도 더 풍성하고 즐거워질 거야.

내 힘을 더 빛나게 쓰는 법

네 안의 힘은 태어날 때 정해지는 게 아니라 활용할수록 커지고 강해지는 근육과 같단다. 이 책을 읽으면서 어떤 힘을 자주 쓰고 어떤 힘을 더 키우고 싶은지 스스로 살펴봐. 그리고 교실 속 다양한 순간마다 그 힘을 꺼내 쓰는 연습을 해 봐. 그렇게 네 힘을 하나씩 꺼내 쓰다 보면 더욱 유연하고 씩씩하게 학교생활을 해 나갈 수 있을 거야.

학교가 낯설고 불안할 때 네 안의 강점 보석이 길을 밝혀 줄 거야! 003
강점 찾기 테스트: 내 안에 어떤 힘이 있을까? 008

1 학교생활에서 고민이 있을 땐 어떻게 해야 할까?

첫 만남
1. 친구를 사귀고 싶은데 어떻게 말을 걸어야 할지 모를 때 019
2. 말을 걸었는데 대답을 안 해서 민망할 때 022

쉬는 시간
3. 먼저 놀자고 하는 친구가 없어서 서운할 때 025
4. 화장실에 같이 가자고 하는데 가고 싶지 않을 때 028

반장 선거
5. 반장 선거에 나가고 싶은데 아무도 추천해 주지 않을 때 031
6. 반장이 되고 싶은데 뭐라고 연설해야 할지 모를 때 034
7. 반장 선거에 나가고 싶지 않은데 친구가 추천했을 때 037
8. 반장 선거에 떨어졌다고 친구가 놀릴 때 040

수업 시간
9. 내가 만든 작품을 친구가 무시할 때 043
10. 수업 중에 친구가 자꾸 말을 걸 때 046

모둠 활동
11. 모둠 활동에서 친구가 내 의견을 무시할 때 049
12. 모둠 활동에 아무도 참여하지 않아서 나 혼자 끙끙댈 때 052
13. 내 실수로 우리 모둠 발표를 망쳤다고 원망을 들을 때 055

| 놀이 시간 | 14. 같이 놀고 싶은데 끼워 주지 않을 때 058
| | 15. 친구를 괴롭히면서 노는 것을 보았을 때 061
| 체육 시간 | 16. 피구할 때 공에 맞았다고 친구들이 놀릴 때 064
| | 17. 축구를 못한다고 끼워 주지 않을 때 067
| | 18. 경기에서 지고 인정하지 않을 때 070
| 점심 시간 | 19. 줄 서 있는데 친구가 새치기할 때 073
| | 20. 먹기 싫은 반찬을 나에게 주었을 때 076
| 체험 학습 | 21. 버스에서 같이 앉을 친구가 없을 때 079

2 친구 관계에서 고민이 있을 땐 어떻게 해야 할까?

22. 농담으로 나를 놀리는데 웃음이 나오지 않을 때 083
23. 친구가 놀자고 하는데 선약이 있을 때 086
24. 자기가 원하는 대로 따르기만을 바랄 때 089
25. 인기 많은 아이가 되고 싶을 때 092
26. 나와는 조금 다른 친구와 친해지고 싶을 때 095
27. 친구와 싸웠는데 먼저 사과하기 어려울 때 098
28. 용기 내어 사과했는데 받아 주지 않을 때 101
29. 친구의 사과에도 마음이 열리지 않을 때 104
30. 친구를 도와주고 싶을 때 107
31. 마음과 달리 말실수를 했을 때 110
32. 친하다고 생각한 친구가 멀어져서
    서운할 때 113

어른과 대화할 땐 어떻게 해야 할까?

부모님
33. 학원이 너무 많아서 줄여 달라고 말하고 싶을 때 117
34. 부모님 말씀이 잔소리처럼 느껴져서 듣기 싫을 때 120
35. 부모님께 죄송하다고 말하고 싶을 때 123

선생님
36. 선생님께 마음을 표현하고 싶을 때 126
37. 짝을 바꿔 달라고 말하고 싶을 때 129

소셜 미디어로 고민될 땐 어떻게 해야 할까?

스마트폰 사용
38. 친구랑 만났는데 자꾸 스마트폰만 볼 때 133
39. 내 스마트폰을 친구가 몰래 보았을 때 136

채팅방
40. 채팅방에서 내 험담을 할 때 139
41. 메시지를 읽었는데 한참 답이 없을 때 142
42. 너무 자주 메시지를 보낼 때 145
43. 자기 말만 하고 내 메시지에는
    반응하지 않을 때 148

소셜 미디어
44. 내가 올린 사진에 악플이
    달렸을 때 151
45. 원하지 않는 사진을
    찍어서 공유했을 때 154

5 학교 폭력으로 고민될 땐 어떻게 해야 할까?

46. 친구가 장난이라고 말하면서 때릴 때 **158**
47. 내가 싫어하는 별명을 부르며 무시할 때 **161**
48. 다른 친구랑 놀지 못하도록 나를 욕하고 다닐 때 **164**
49. 어른에게 말하지 말라고 협박당할 때 **167**
50. 내 물건을 허락도 없이 빼앗아 갈 때 **170**
51. 돈을 빌려달라고 해 놓고 갚지 않을 때 **173**
52. 친구가 옳지 않은 행동을 같이 하자고 강요할 때 **176**
53. 나를 투명 인간 취급할 때 **179**
54. 한 친구를 같이 싫어하고 따돌리자고 말할 때 **182**

6 이성 교제로 고민될 땐 어떻게 해야 할까?

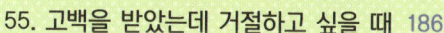

55. 고백을 받았는데 거절하고 싶을 때 **186**
56. 사귀고 싶지 않은데 오해할 때 **189**
57. 이성 친구와 더 가깝게 지내고 싶을 때 **192**
58. 내 비밀을 다른 친구들에게 퍼뜨렸을 때 **195**
59. 원하지 않는데 내 몸을 만질 때 **198**
60. 이성 친구와 더 이상 만나고 싶지 않을 때 **201**

네 안에 빛나는 6가지 힘 40가지 강점 보석 **204**
양육자님께 드리는 글 **210**

학교생활에서 고민이 있을 땐 어떻게 해야 할까?

학교생활 > 첫 만남

친구를 사귀고 싶은데 어떻게 말을 걸어야 할지 모를 때

 새 학기 첫날, 교실 문을 열었는데 낯선 교실에 낯선 친구들뿐이에요. 새 친구를 사귀고 싶은데 어떻게 말을 걸어야 할지 모르겠어요.

혼자 있기는 싫은데, 그렇다고 먼저 다가가기는 쑥스러워.

용기 ✦ 보석 가볍게 먼저 인사 건네기

새 친구를 사귀고 싶다면 가장 먼저 꺼내야 할 건 바로 용기 보석이야. 용기 보석은 떨리는 마음에도 친구에게 한 걸음 다가갈 수 있게 도와줘. 특별한 말을 하지 않아도 괜찮아. 눈을 보고 웃으면서 짧은 인사 한마디부터 시작해 봐.

> ▶ 안녕? 나는 민서야. 네 이름은 뭐야?
>
> ▶ 안녕? 우리 같은 반이네. 반가워!

호기심 ✦ 보석 공통점으로 대화 이어 가기

친해지고 싶은 친구가 있다면 그 친구가 좋아하는 것에 관심을 가져 봐. 호기심 보석을 꺼내서 서로의 관심사를 물어보고 귀 기울이다 보면 공통점으로 마음이 통할 때가 있어. 공통점이 생기면 친해지기가 훨씬 쉽고 자연스럽게 대화를 이어 갈 수 있어.

> ▶ 너도 OO 좋아해? 나도 완전 팬이야! 네 최애 멤버는 누구야?
>
> ▶ 아까 미술 시간에 네가 그린 그림 진짜 멋졌어! 나도 그림 그리는 거 좋아해.

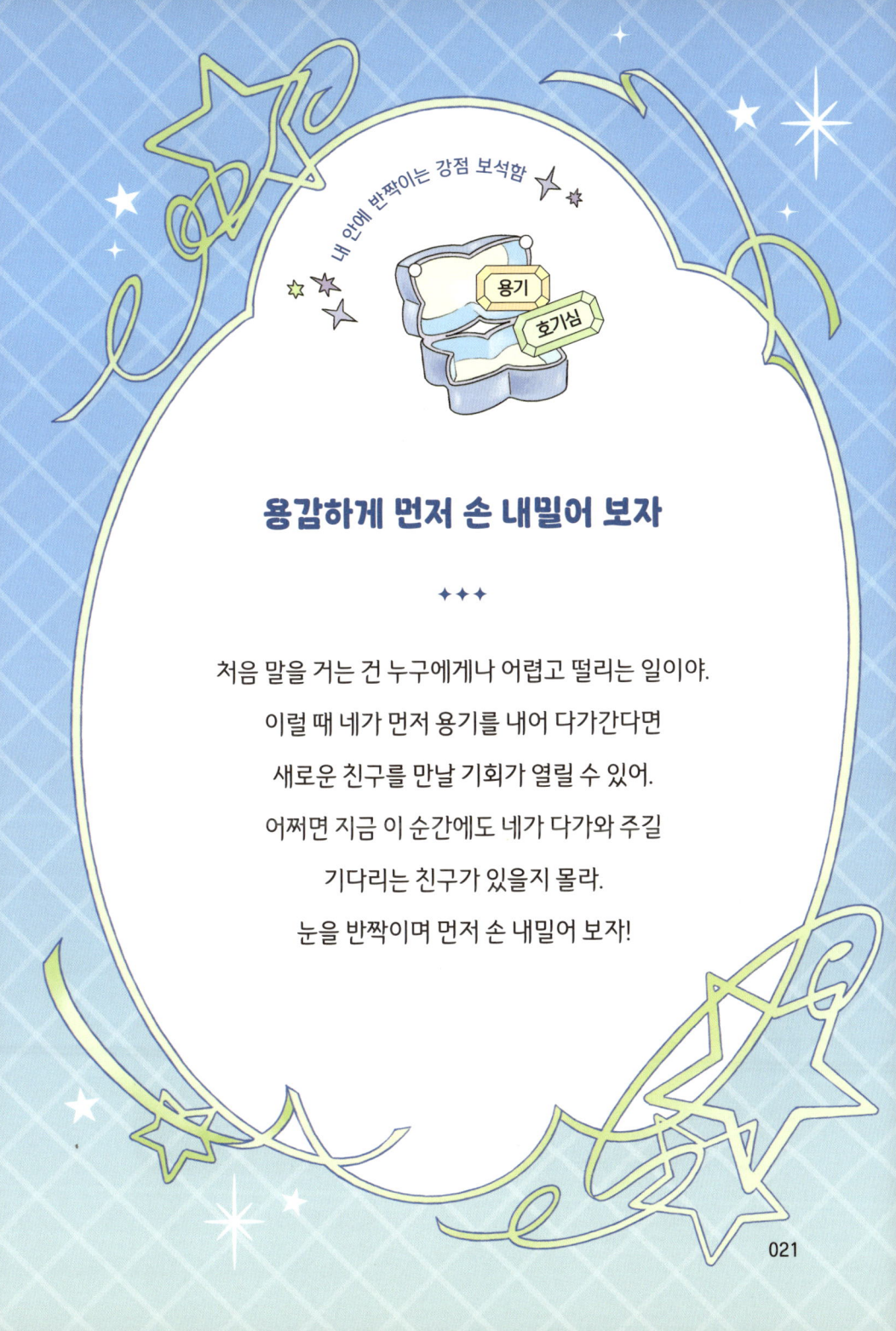

용감하게 먼저 손 내밀어 보자

✦✦✦

처음 말을 거는 건 누구에게나 어렵고 떨리는 일이야.
이럴 때 네가 먼저 용기를 내어 다가간다면
새로운 친구를 만날 기회가 열릴 수 있어.
어쩌면 지금 이 순간에도 네가 다가와 주길
기다리는 친구가 있을지 몰라.
눈을 반짝이며 먼저 손 내밀어 보자!

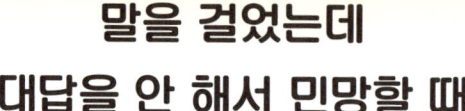

학교생활 > 첫 만남

말을 걸었는데
대답을 안 해서 민망할 때

고민이에요

용기를 내서 친구에게 말을 걸었는데 나에게 별 관심이 없는 것처럼 "아니."라고 툭 대답해서 민망했어요. 다른 친구들이 이걸 봤다고 생각하면 창피하기도 해요. 겨우 용기 냈는데 마음이 움츠러들어요.

[유연함 ✦ 보석] 당황하지 말고 가볍게 넘기기

친구가 무뚝뚝하게 반응했다고 해서 꼭 너를 싫어하는 건 아니야. 지금은 그냥 말 걸기 좋은 타이밍이 아니었을 수 있어. 이럴 때 유연함 보석은 상황을 부드럽게 받아들이도록 도와줘. 대화를 계속 이어 가기보다 가볍게 넘기는 것도 좋은 방법이야.

▶ 아, 지금 바쁜가 보네!

▶ 그래, 알겠어! 방해해서 미안.

[인내 ✦ 보석] 다음 기회를 기다릴 줄 아는 마음

지금은 어색하더라도 다음번에는 다를 수 있어. 인내 보석을 꺼내서 조급하게 마음먹지 말고 기다려 보자. 한 걸음 물러섰다가 다시 다가가면 더 좋은 기회가 올 수 있어. 친구도 대화할 준비가 되면 다정하게 대답할 수 있을 거야.

▶ 너랑 친해지고 싶어서 용기 내 말 걸어 봤어. 다음에 더 이야기 하자!

▶ 오늘은 타이밍이 안 맞았나 봐. 다음에 시간 되면 얘기하자.

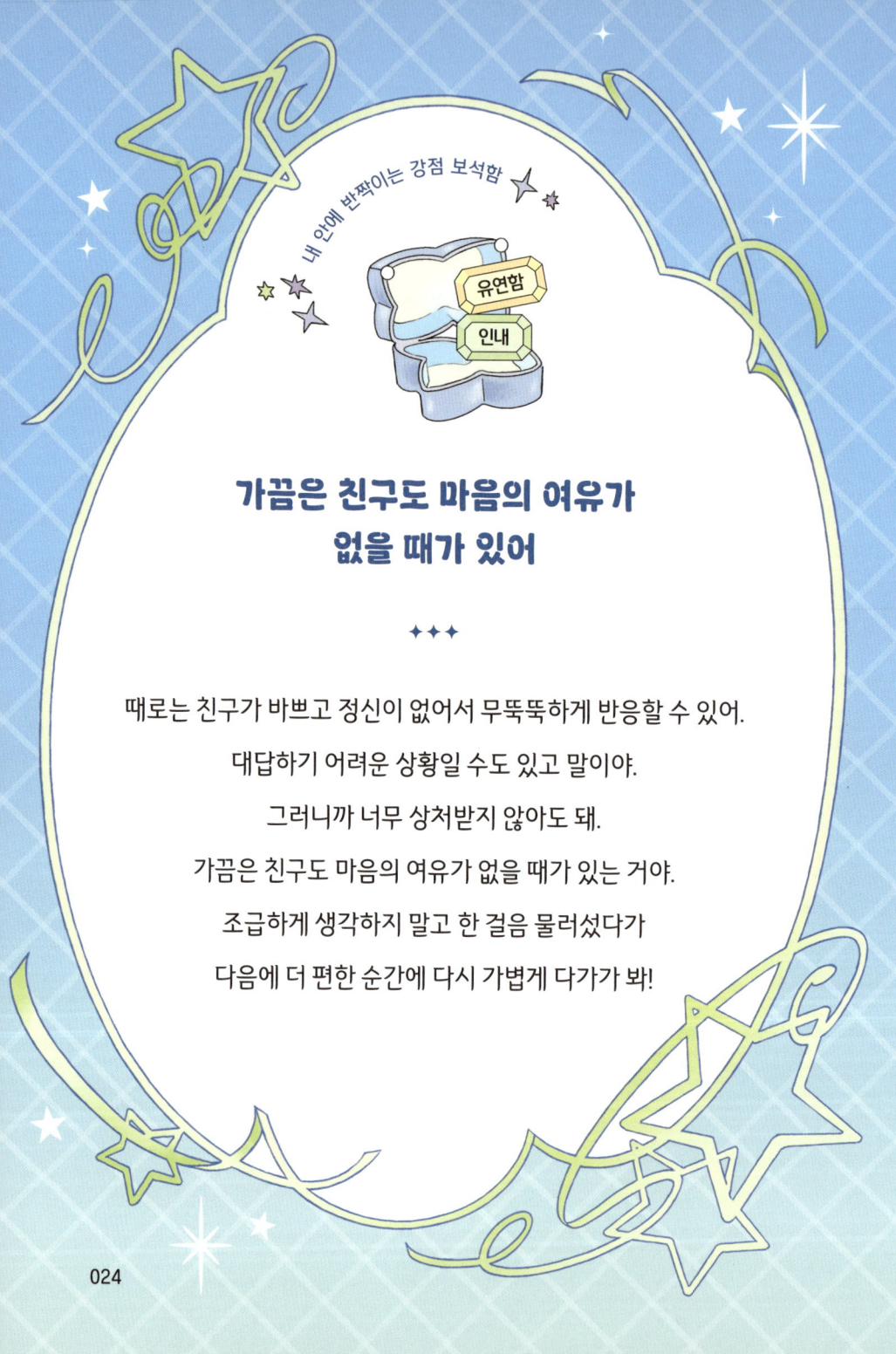

가끔은 친구도 마음의 여유가
없을 때가 있어

✦✦✦

때로는 친구가 바쁘고 정신이 없어서 무뚝뚝하게 반응할 수 있어.
대답하기 어려운 상황일 수도 있고 말이야.
그러니까 너무 상처받지 않아도 돼.
가끔은 친구도 마음의 여유가 없을 때가 있는 거야.
조급하게 생각하지 말고 한 걸음 물러섰다가
다음에 더 편한 순간에 다시 가볍게 다가가 봐!

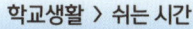 학교생활 > 쉬는 시간

먼저 놀자고 하는
친구가 없어서 서운할 때

 고민이에요

쉬는 시간이 되면 교실 여기저기에서 친구들이 재잘거리며 놀아요. 그런데 나한테는 아무도 같이 놀자고 말하지 않아요. 친구들이 함께 노는 걸 보면 부러운데 괜히 다가갔다가 어색해질까 봐 혼자 앉아 있기만 해요.

(적극성 ✦ 보석) **먼저 다가가기**

친구가 먼저 다가오기를 기다리기만 하지 말고 네가 먼저 친구에게 한 걸음 가까이 다가가 봐. 이럴 때 적극성 보석은 네가 용기 낼 수 있도록 등을 밀어 줄 거야. 네가 먼저 손을 내밀 때 오히려 친구들이 반가워하면서 마음을 열 수 있어.

> ▶ 나도 같이 놀고 싶은데, 함께 해도 될까?
>
> ▶ 오, 재미있어 보인다! 나도 같이 하자.

(자기 주도성 ✦ 보석) **재미있는 놀이 먼저 제안하기**

네가 먼저 놀이를 제안해 보는 것도 좋은 방법이야. 새로운 놀이를 꺼내면 친구들도 관심을 가지고 자연스럽게 함께 놀게 될 거야. 자기 주도성 보석은 친구들 사이에서 분위기를 만들고 새로운 흐름을 이끌어 가도록 도와줘.

> ▶ 새로 발견한 보드게임이 있는데, 같이 해 볼래?
>
> ▶ 점심 먹고 운동장에서 술래잡기하는 거 어때?

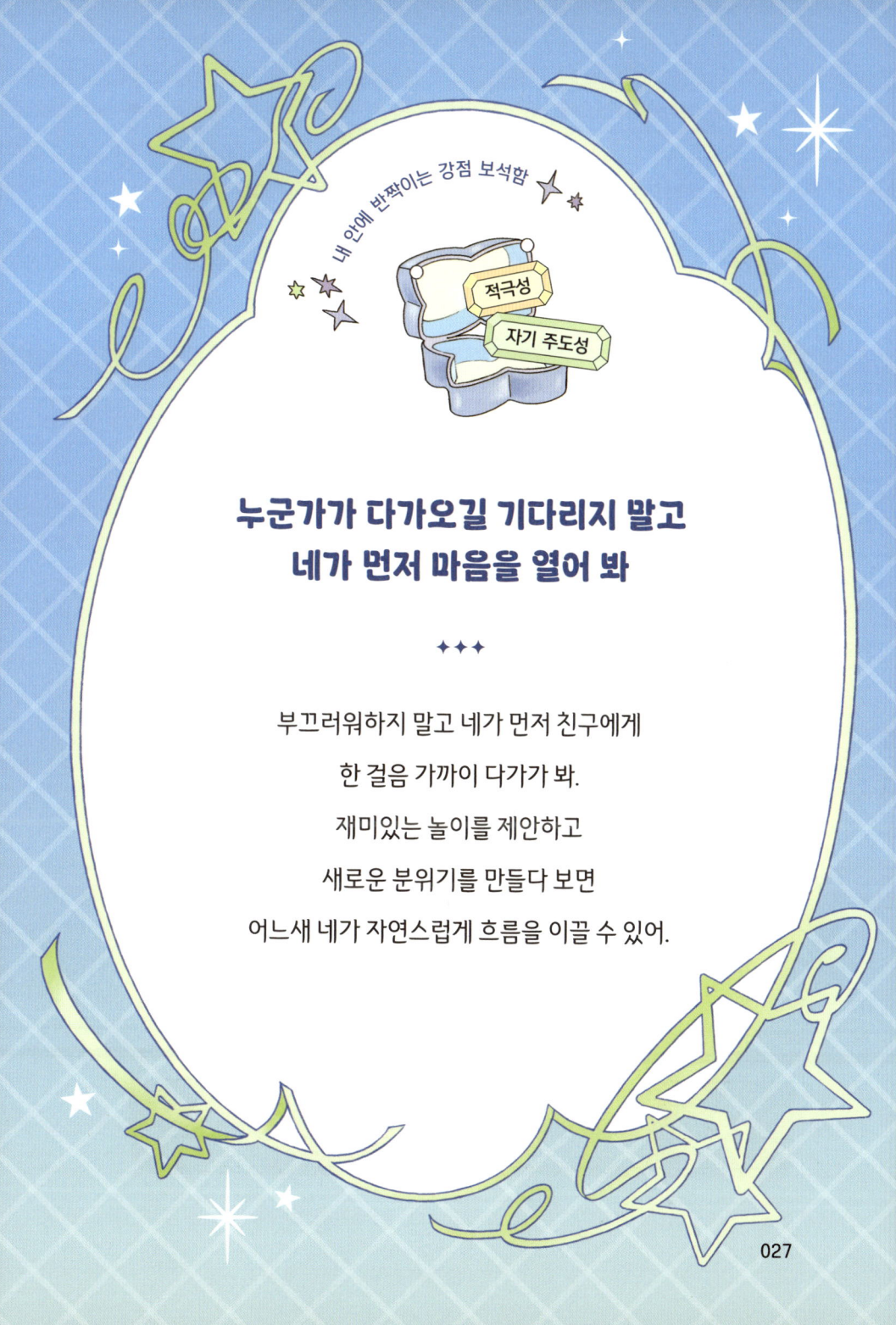

내 안에 반짝이는 강점 보석함

적극성
자기 주도성

누군가가 다가오길 기다리지 말고 네가 먼저 마음을 열어 봐

✦✦✦

부끄러워하지 말고 네가 먼저 친구에게
한 걸음 가까이 다가가 봐.
재미있는 놀이를 제안하고
새로운 분위기를 만들다 보면
어느새 네가 자연스럽게 흐름을 이끌 수 있어.

학교생활 > 쉬는 시간

화장실에 같이 가자고 하는데 가고 싶지 않을 때

고민이에요

쉬는 시간마다 친구가 화장실에 같이 가자고 해요. 그런데 저는 늘 같이 가고 싶진 않아요. 혼자 있고 싶을 때도 있고 다른 걸 하고 싶을 때도 있거든요. 하지만 거절하면 친구가 기분 나빠 할까 봐 걱정돼요.

거절하면 우리 사이가 어색해지지 않을까?

표현력✦보석 내 마음 솔직하게 전하기

혼자 있고 싶을 땐 마음을 숨기지 말고 부드럽게 말해 봐도 괜찮아. 표현력 보석은 내 마음을 솔직하게 꺼내면서도 상대방이 상처받지 않도록 도와줘. 싫다고 딱 잘라 말하는 대신 차분하게 상황을 설명해 보자. 그러면 친구도 네 마음을 이해하고 존중해 줄 수 있어.

▶ 지금은 화장실에 가고 싶지 않아. 미안해!

▶ 지금은 할 일이 있어서 못 갈 것 같아. 다음에 같이 가자.

배려✦보석 친구의 마음도 함께 헤아리기

거절하더라도 친구의 마음을 생각해 주면 우정은 더 단단해질 수 있어. 배려 보석은 내 마음을 존중하면서도 친구가 덜 서운하도록 따뜻하게 말할 수 있게 해 줘. 이번에는 같이 못 가더라도 다음에 같이 가자고 하거나 다른 제안을 해 보자. 작은 배려 한마디가 우정을 지켜 주는 힘이 될 거야.

▶ 다음 쉬는 시간에 같이 놀자.

▶ 혹시 급하면 다른 친구랑 다녀오면 어떨까? 같이 못 가서 미안해.

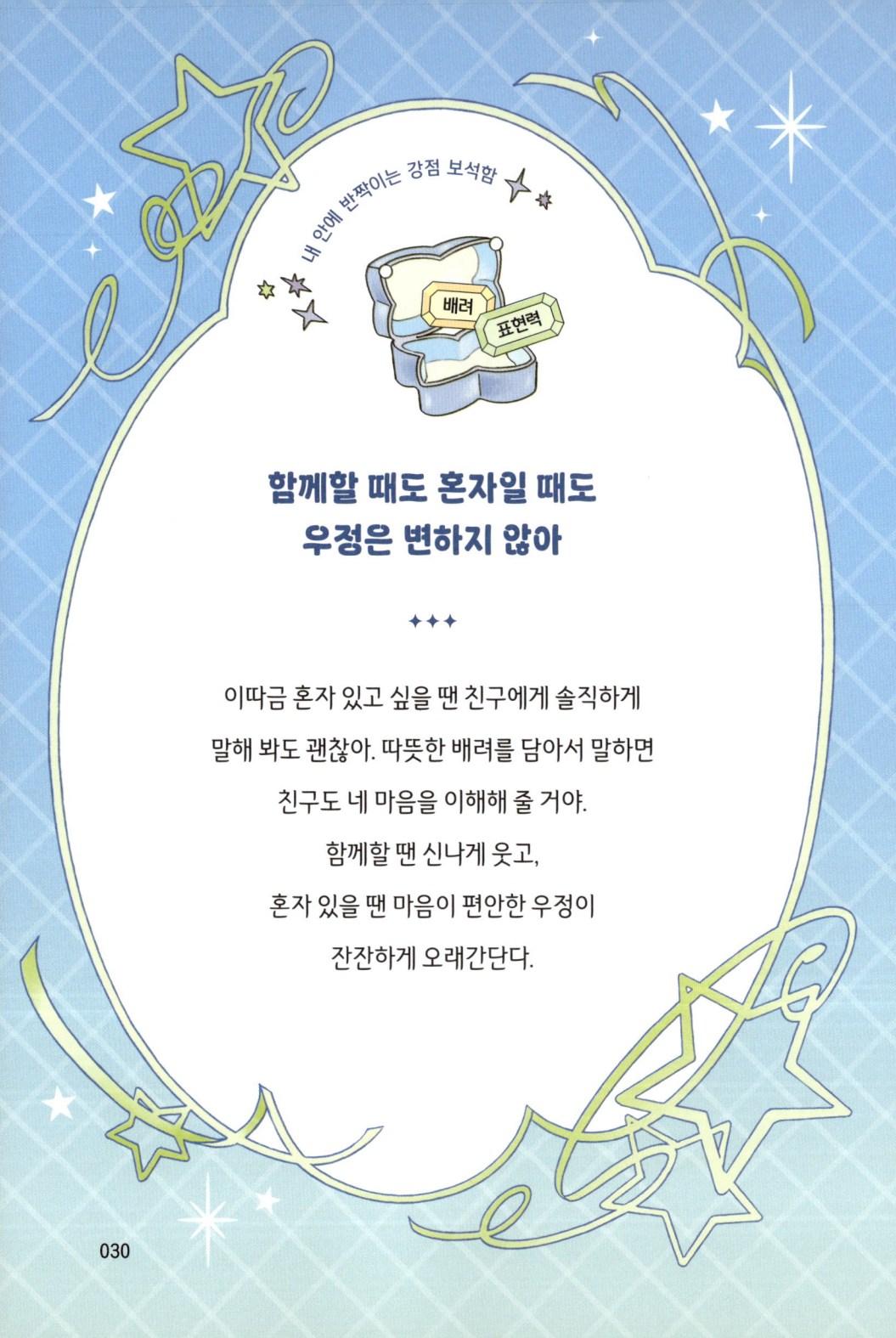

함께할 때도 혼자일 때도
우정은 변하지 않아

◆◆◆

이따금 혼자 있고 싶을 땐 친구에게 솔직하게
말해 봐도 괜찮아. 따뜻한 배려를 담아서 말하면
친구도 네 마음을 이해해 줄 거야.
함께할 땐 신나게 웃고,
혼자 있을 땐 마음이 편안한 우정이
잔잔하게 오래간단다.

학교생활 > 반장 선거

반장 선거에 나가고 싶은데 아무도 추천해 주지 않을 때

반장이 되어서 우리 반을 위해 열심히 일해 보고 싶어요. 그런데 아무도 저를 추천해 주지 않아서 속상해요. 반장이 되고 싶지만 먼저 손 들기는 부끄럽고 마음이 복잡해요.

자신감 ✦ 보석   자기 추천 의사 밝히기

스스로 반장 선거에 나가는 건 전혀 이상한 일이 아니야. 오히려 친구들에게 네 마음을 직접 보여 줄 좋은 기회지. 자신감 보석은 '내가 잘할 수 있다'는 믿음을 행동으로 옮기는 힘이야. 누가 추천해 주지 않아도 번쩍 손을 들어 봐. 그 용기가 리더의 길을 열어 줄 거야.

▶ 우리 반을 위해 열심히 일하고 싶어서 스스로를 추천합니다.

▶ 누가 저를 추천해 주진 않았지만, 저는 제가 잘할 수 있다고 생각해서 도전하려고 합니다!

설득력 ✦ 보석   구체적인 계획 공유하기

설득력 보석은 내 생각을 분명하게 말해서 친구들의 마음을 움직이도록 도와줘. 그냥 반장이 되고 싶다고 말하는 것보다 왜 되고 싶은지, 반장이 되면 어떤 일을 해 보고 싶은지 구체적으로 이야기하면 친구들도 공감하고 응원해 줄 거야.

▶ 쉬는 시간에 다 같이 참여하는 놀이 시간을 만들겠습니다!

▶ 우리 반의 고민을 선생님께 잘 전달할 수 있도록 의견 수집함을 만들 거예요.

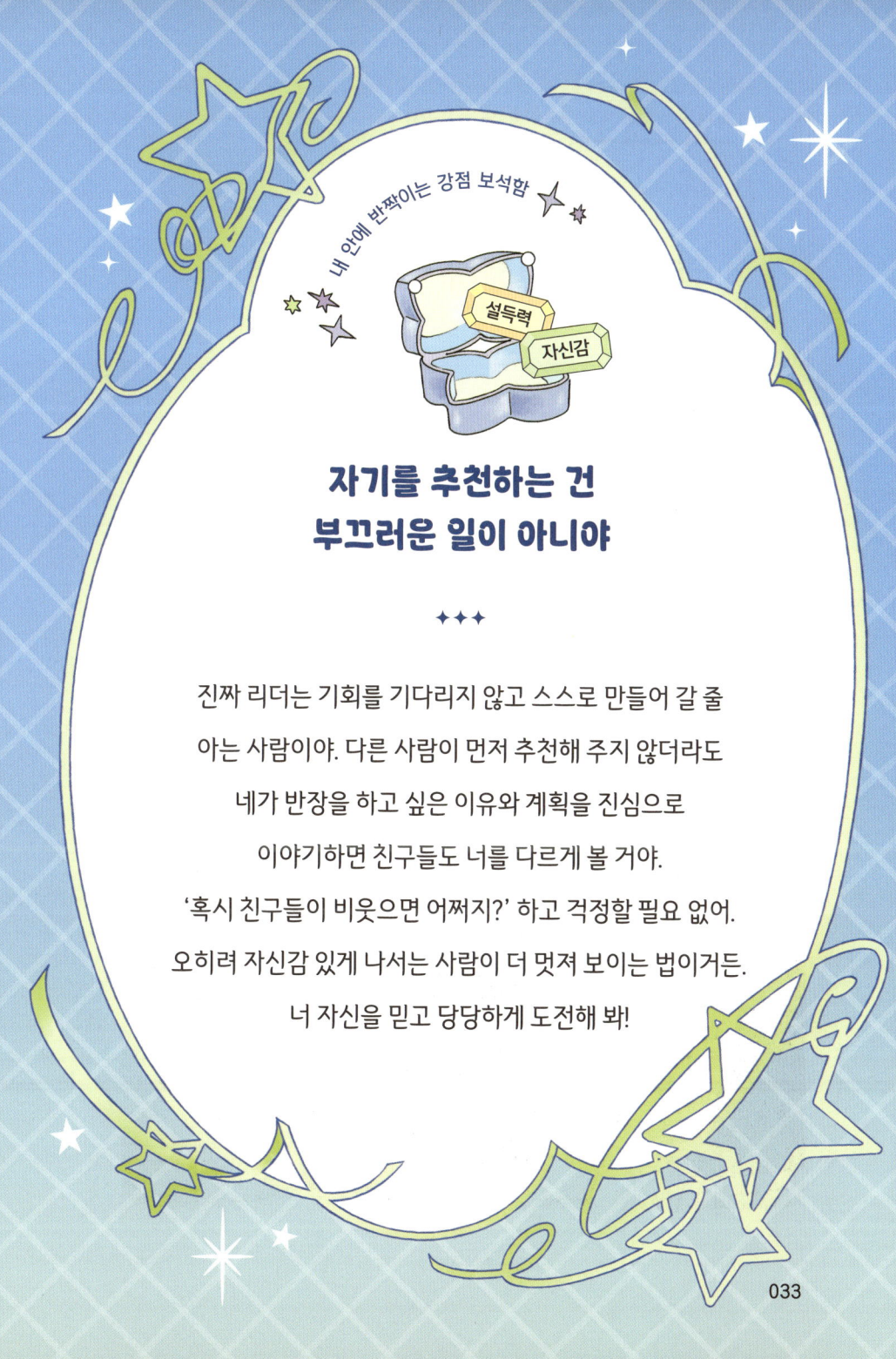

자기를 추천하는 건
부끄러운 일이 아니야

✦✦✦

진짜 리더는 기회를 기다리지 않고 스스로 만들어 갈 줄 아는 사람이야. 다른 사람이 먼저 추천해 주지 않더라도 네가 반장을 하고 싶은 이유와 계획을 진심으로 이야기하면 친구들도 너를 다르게 볼 거야. '혹시 친구들이 비웃으면 어쩌지?' 하고 걱정할 필요 없어. 오히려 자신감 있게 나서는 사람이 더 멋져 보이는 법이거든. 너 자신을 믿고 당당하게 도전해 봐!

학교생활 > 반장 선거

반장이 되고 싶은데 뭐라고 연설해야 할지 모를 때

 **고민이에요**

반장 선거 연설을 해야 하는데 무슨 말을 해야 할지 막막해요. 너무 떨려서 실수할까 봐 걱정도 돼요. 친구들에게 믿음직한 반장으로 보이고 싶은데 어떻게 말해야 할까요?

계획성 ✦ 보석 　말하고 싶은 내용을 구조로 정리하기

연설을 준비할 땐 계획성 보석을 꺼내서 머릿속 생각들을 차분히 정리해 보자. 말의 순서를 미리 정하면 덜 떨리고 자신 있게 말할 수 있어.

> ▶ 1. 도입: 저는 3반의 마늘 같은 존재 김민호입니다. ⋯▶ **자기소개를 할 때 재미있는 비유를 쓰면 친구들의 귀가 쫑긋해져.**
>
> ▶ 2. 본론: 제가 반장이 된다면 우리 반을 위해서 ○○○을 약속하겠습니다. ⋯▶ 어떤 약속을 하면 좋을지는 '책임감 보석'에서 알려 줄게.
>
> ▶ 3. 결론: 마늘이 음식의 감칠맛을 살리듯 저는 우리 반을 활기차게 만들겠습니다. 여러분의 소중한 한 표를 저 김민호에게 맡겨 주세요.
> ⋯▶ 결론은 짧고 힘 있게 끝내는 게 좋아.

책임감 ✦ 보석 　지킬 수 있는 약속 제시하기

본론에서는 친구들이 믿고 뽑을 수 있도록 작은 약속이라도 진심을 담는 게 중요해. 책임감 보석은 한 번 한 약속을 끝까지 지켜 내려는 힘이야.

> ▶ 마음 우체통을 설치해서 모두의 의견이 존중받는 반을 만들겠습니다!

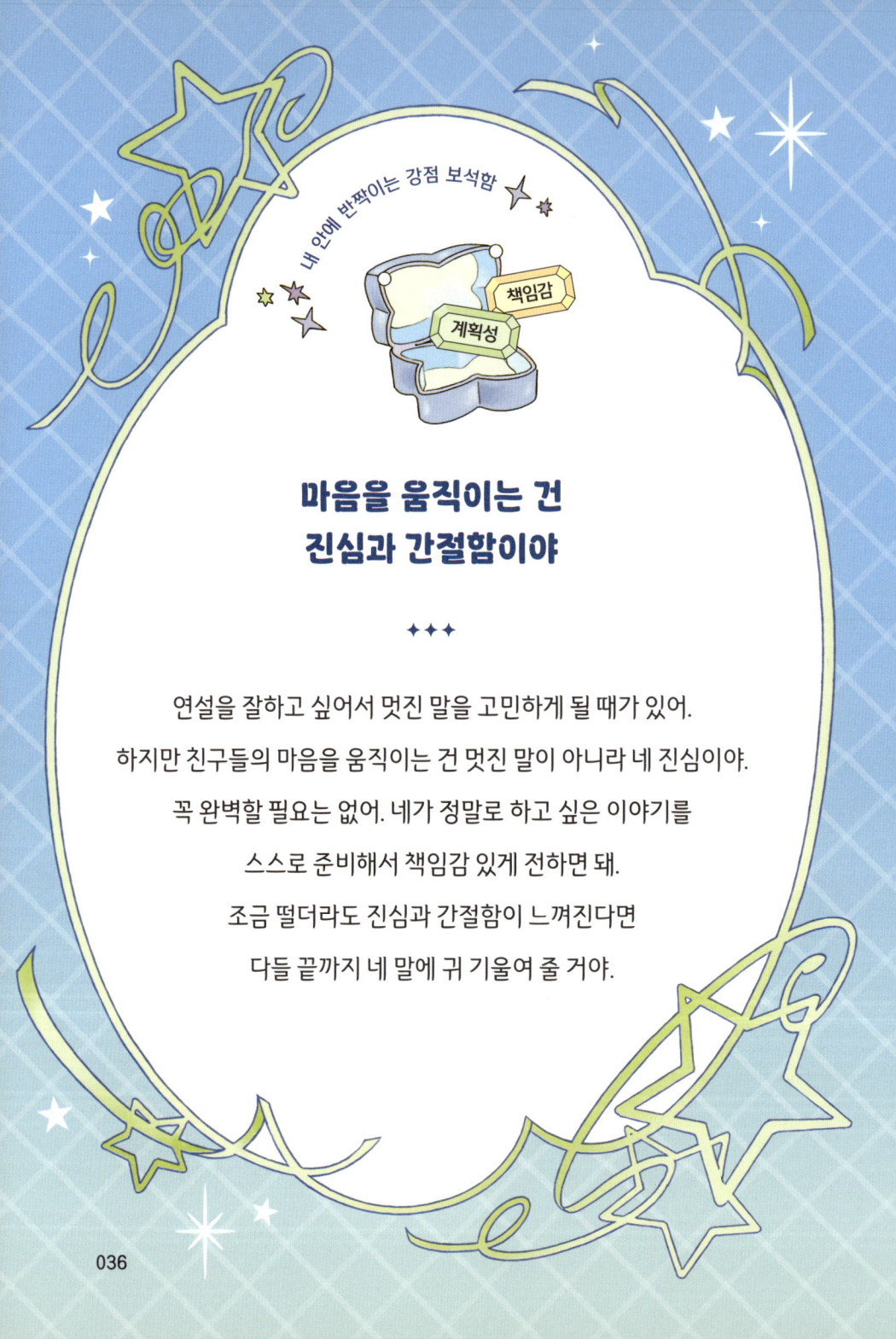

마음을 움직이는 건
진심과 간절함이야

✦✦✦

연설을 잘하고 싶어서 멋진 말을 고민하게 될 때가 있어.

하지만 친구들의 마음을 움직이는 건 멋진 말이 아니라 네 진심이야.

꼭 완벽할 필요는 없어. 네가 정말로 하고 싶은 이야기를

스스로 준비해서 책임감 있게 전하면 돼.

조금 떨더라도 진심과 간절함이 느껴진다면

다들 끝까지 네 말에 귀 기울여 줄 거야.

학교생활 > 반장 선거

반장 선거에 나가고 싶지 않은데 친구가 추천했을 때

고민이에요

점심시간에 친구들이 모여 반장 후보를 정하고 있었어요. 그런데 갑자기 한 친구가 저를 반장으로 추천했어요. 솔직히 반장은 부담스럽지만 거절하면 친구의 기대를 저버리는 것 같아 고민돼요.

반장을 하고 싶지는 않은데 거절하면 친구가 서운해할까?

감사✦보석   먼저 고마운 마음 전하기

친구가 너를 추천했다는 건 그만큼 너를 믿고 기대하고 있다는 뜻이야. 거절하더라도 먼저 고마운 마음을 전하면 친구도 기쁘게 받아들일 거야. 감사 보석은 다른 사람의 마음을 소중하게 여기고 그 고마움을 솔직히 표현하도록 도와줘. 친구의 다정한 마음을 고맙게 받고 지금 네 마음도 진솔하게 말해 보자.

▶ 추천해 줘서 정말 고마워! 내가 반장감으로 보였다니 기쁘네.

▶ 믿어 줘서 고마워. 그런데 솔직히 반장은 조금 부담스러워.

기여✦보석   꼭 반장이 아니어도 다른 방법으로 함께 하기

반장은 부담스러워도 반을 위해 네가 할 수 있는 일이 있다면 기꺼이 도울 수 있어. 기여 보석은 앞에 나서지 않아도 내가 있는 자리에서 힘을 보태려는 마음이야. 친구가 너를 믿어 준 만큼 너도 너만의 방식으로 반에 도움이 되고 싶다고 말해 봐. 그러면 친구 관계도 지키고 너의 진심도 보여 줄 수 있을 거야.

▶ 반장은 부담스럽지만 반 일은 내가 할 수 있는 만큼 꼭 도울게.

▶ 미주가 반장이 되면 내가 옆에서 잘 도와줄 수 있을 것 같아.

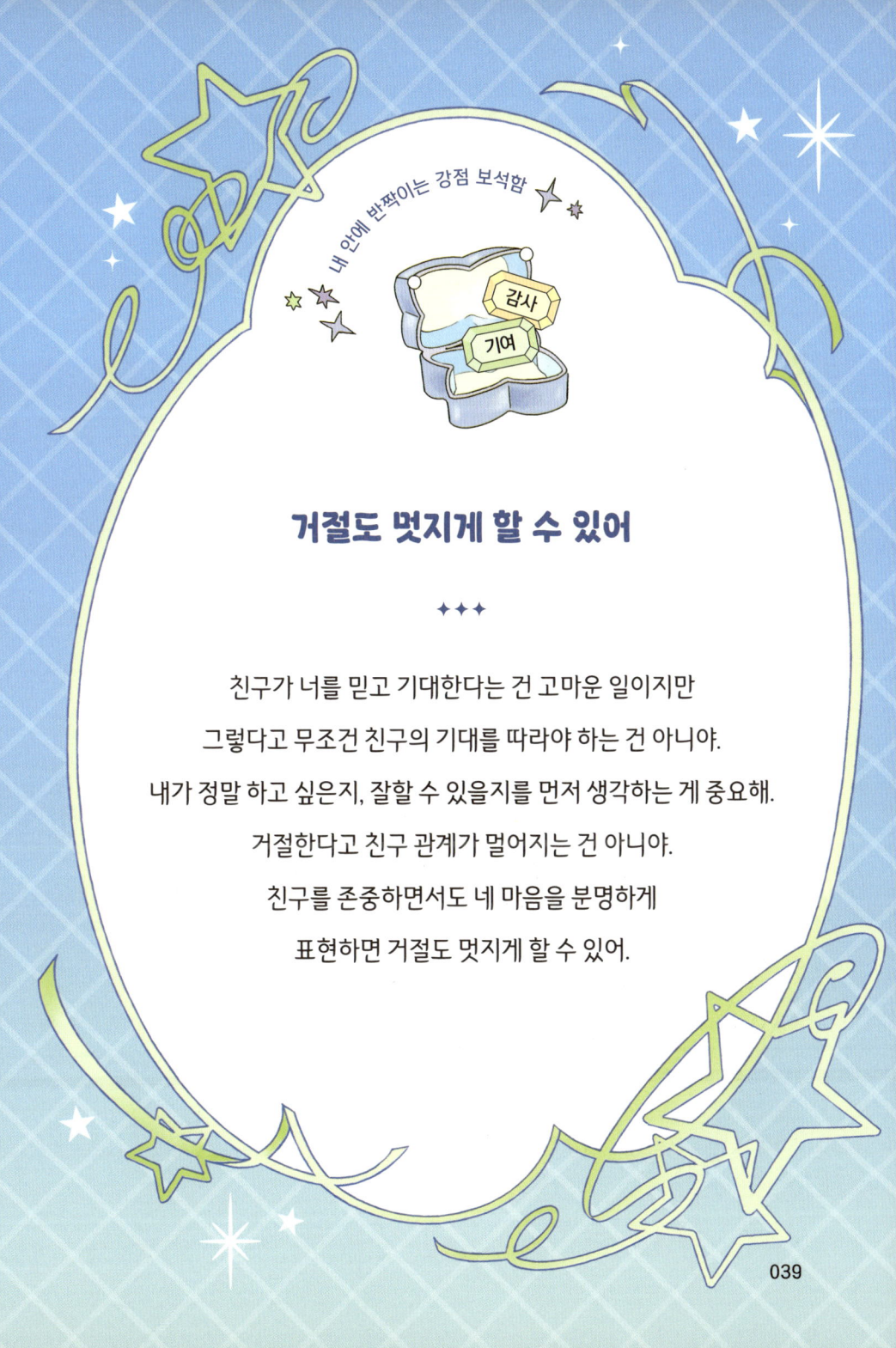

거절도 멋지게 할 수 있어

✦✦✦

친구가 너를 믿고 기대한다는 건 고마운 일이지만
그렇다고 무조건 친구의 기대를 따라야 하는 건 아니야.
내가 정말 하고 싶은지, 잘할 수 있을지를 먼저 생각하는 게 중요해.
거절한다고 친구 관계가 멀어지는 건 아니야.
친구를 존중하면서도 네 마음을 분명하게
표현하면 거절도 멋지게 할 수 있어.

> 학교생활 > 반장 선거

반장 선거에 떨어졌다고 친구가 놀릴 때

고민이에요

반장 선거에 용기 내어 출마했지만 아쉽게 떨어졌어요. 처음엔 괜찮다고 생각했는데 몇몇 친구들이 저만 보면 놀렸어요. 웃어넘기며 괜찮은 척하려고 해도 자꾸 생각나요.

(자기 존중 ✦ 보석) 내 도전을 스스로 인정하기

친구들이 놀린다고 움츠러들 필요는 없어. 누가 뭐래도 너는 용기 있게 도전한 사람이야. 자기 존중 보석은 결과가 어떻든 내 도전을 소중하게 여기고 당당하게 받아들이는 힘이야. 내가 나를 부끄럽지 않게 바라보면 친구들도 그 태도에 영향을 받게 돼. 도전했다는 것만으로도 이미 너는 대단한 사람이야.

▶ 글쎄, 나는 부끄럽지 않아. 도전한 것만으로도 자랑스러워.

▶ 다음에 더 잘 준비하면 되지. 괜찮아.

(회복탄력성 ✦ 보석) 배운 걸 붙잡고 다시 일어서기

실패가 아쉬운 건 당연해. 그럴 때 회복탄력성 보석은 실패에서 배운 걸 발판 삼아 한 걸음 나아가도록 도와줘. 반장 선거에서 떨어졌지만 네가 얻은 건 분명히 있어. 친구들 앞에서 용기 내어 나선 경험, 부족했던 점을 알게 된 깨달음, 다음에는 더 잘할 수 있다는 자신감까지 모두 네 안에 차곡차곡 쌓여 있어.

▶ 실패해도 배우는 게 있다고 생각해. 이번 경험도 나에게 도움이 될 거야.

▶ 이번에는 선거에서 떨어졌지만, 내 생각을 말할 수 있어서 좋았어!

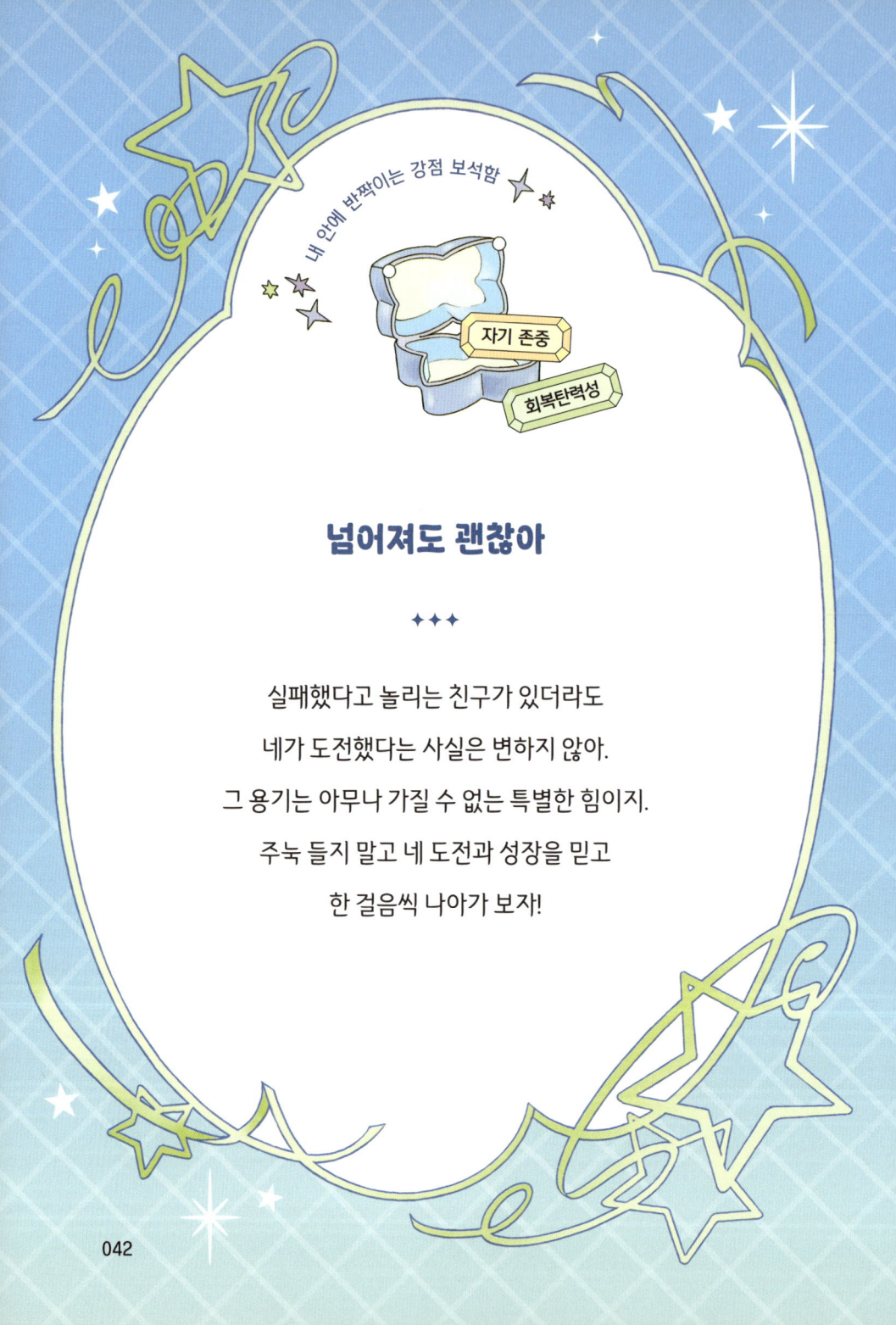

내 안에 반짝이는 강점 보석함

자기 존중

회복탄력성

넘어져도 괜찮아

✦✦✦

실패했다고 놀리는 친구가 있더라도
네가 도전했다는 사실은 변하지 않아.
그 용기는 아무나 가질 수 없는 특별한 힘이지.
주눅 들지 말고 네 도전과 성장을 믿고
한 걸음씩 나아가 보자!

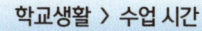 학교생활 > 수업 시간

내가 만든 작품을 친구가 무시할 때

 고민이에요

미술 시간에 정성껏 그린 작품을 짝에게 보여 줬는데 짝이 힐끗 보더니 "이게 뭐야? 진짜 웃기게 그렸네."라고 말했어요. 그 말을 듣는 순간 얼굴이 확 뜨거워졌어요. 그림을 그리고 싶은 마음이 쏙 들어가 버렸어요.

(자기 존중 ✦ 보석) **내 작품 스스로 인정하기**

다른 사람의 말에 흔들리지 말고 내 작품의 가치를 스스로 인정하자. 미술에는 정해진 답이 없고 같은 방식만 옳은 것도 아니야. 네가 마음껏 표현했다면 그걸로 충분해. 자기 존중 보석은 내가 만든 걸 스스로 인정하고 당당히 받아들이도록 도와줘. 네 그림을 너 스스로 존중하면 친구의 말에도 덜 흔들릴 수 있어.

- ▶ 나는 내 작품이 마음에 들어. 남들과 다른 나는 내 방식이 좋아.
- ▶ 이건 내가 고민해서 만든 거야. 난 이게 멋지다고 생각해.

(창의성 ✦ 보석) **다르게 표현하는 힘**

미술은 남들과 똑같이 그리는 게 아니라 나만의 방식으로 새롭게 표현하는 거야. 창의성 보석은 다른 사람 눈에는 낯설어 보여도 나만의 생각을 마음껏 담아내도록 도와줘. 네 그림은 네가 자유롭게 표현했기 때문에 특별하고 가치 있는 거야.

- ▶ 남들이랑 똑같이 말고 나만의 방법으로 표현해 보고 싶었어.
- ▶ 그림은 정답이 있는 게 아니니까 나만의 색다른 느낌을 담아 봤어.

내 안에 반짝이는 강점 보석함

자기 존중
창의성

창작은 평가받는 게 아니라 나를 자유롭게 표현하는 거야

✦✦✦

모든 사람이 같은 방식으로 세상을 바라보진 않아.
다른 사람의 시선이 네 작품의 가치를 결정하는 것도
아니고 말이야. 내가 느끼고 생각한 걸 내 방식대로
자유롭게 표현하는 것, 그게 바로 창작이야.
네 안에는 너만의 이야기가 있어. 다른 사람의 말에
흔들리지 말고 네가 그리고 싶은 대로 그리고
만들고 싶은 대로 만들어 봐!

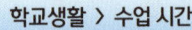 학교생활 > 수업 시간

수업 중에 친구가 자꾸 말을 걸 때

 고민 이에요

수업 시간에 집중하고 싶은데 짝이 계속 말을 걸어요. 처음엔 짧게 대답했는데 점점 말이 길어져요. 거절하면 친구가 서운해할 것 같고 계속 대답하면 수업 내용을 놓칠 것 같아요.

계획성 ✦ 보석 지금 할 일과 나중에 할 일 구분하기

수업 시간에는 공부에 집중하고 대화는 쉬는 시간에 나누는 게 좋아. 계획성 보석은 지금 해야 할 일과 나중에 할 일을 구분해서 차례대로 해내는 힘이야. 친구에게 쉬는 시간에 이야기하자고 말하면 수업에 집중할 수 있고 친구와의 약속도 지킬 수 있어.

▶ 지금은 수업에 집중하고 싶어. 이따가 쉬는 시간에 들려줄래?

▶ 수업 끝나고 같이 이야기하자. 그러면 더 편하게 말할 수 있잖아!

단호함 ✦ 보석 분명한 태도 보여 주기

그런데도 친구가 계속 말을 건다면 분명하게 말할 필요가 있어. 단호함 보석은 지금 해야 할 일에 집중하고 내가 진짜 바라는 걸 똑바로 말하도록 도와줘. 내 마음을 솔직하게 전하면 친구도 '아, 지금은 진짜 수업에 집중하고 싶구나.' 하고 알게 될 거야.

▶ 수업 끝나고 이야기하자. 지금은 집중해야 해.

▶ 지금은 수업 듣는 게 먼저야. 나중에 이야기하자.

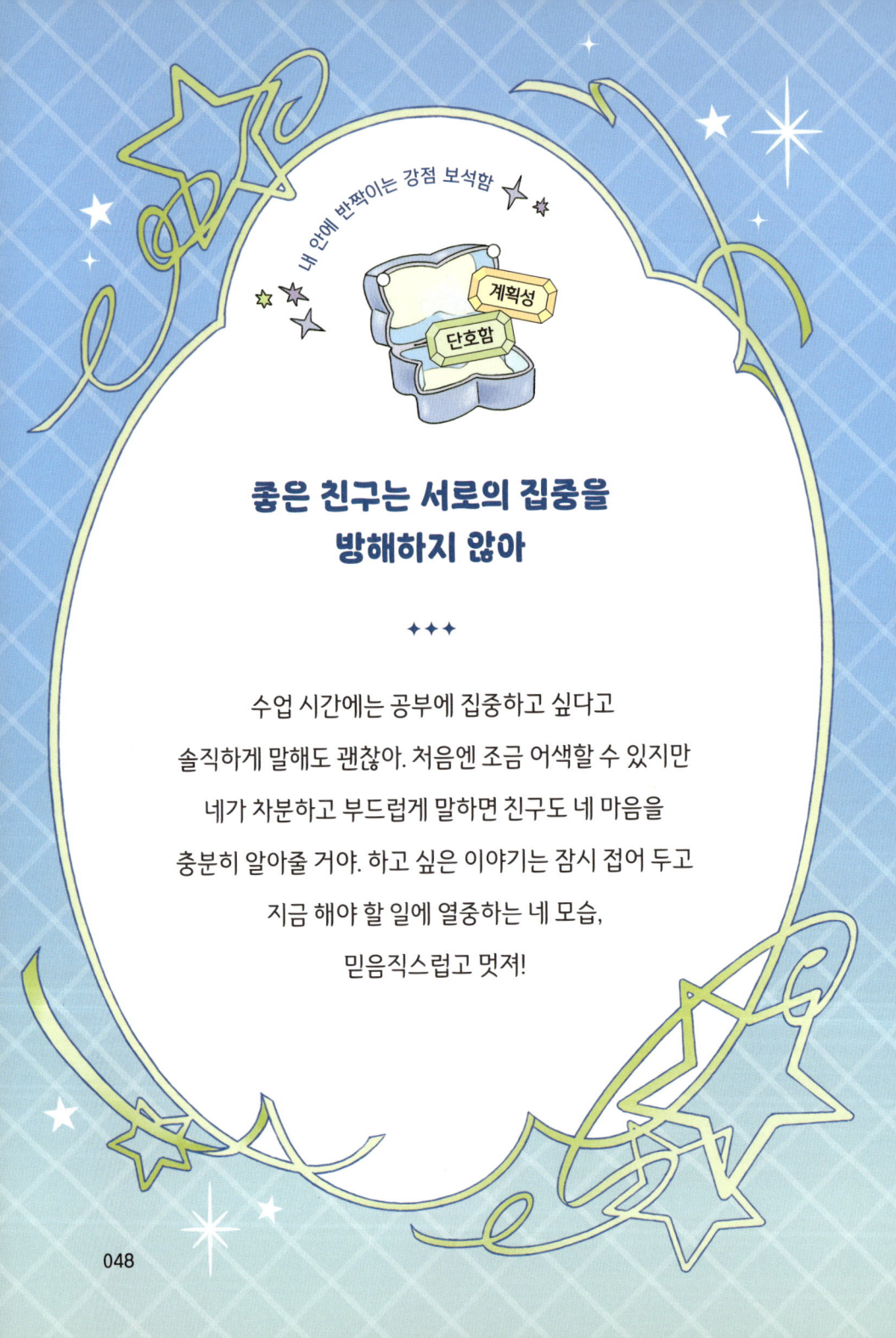

좋은 친구는 서로의 집중을 방해하지 않아

✦✦✦

수업 시간에는 공부에 집중하고 싶다고
솔직하게 말해도 괜찮아. 처음엔 조금 어색할 수 있지만
네가 차분하고 부드럽게 말하면 친구도 네 마음을
충분히 알아줄 거야. 하고 싶은 이야기는 잠시 접어 두고
지금 해야 할 일에 열중하는 네 모습,
믿음직스럽고 멋져!

학교생활 > 모둠 활동

모둠 활동에서 친구가 내 의견을 무시할 때

모둠 활동을 할 때 친구들이 제 의견을 무시해요. 제가 말하려고 하면 다른 친구가 말을 끊을 때도 있어요. 저도 좋은 생각이 있었는데 자꾸 그냥 넘어가니까 입을 다물게 돼요. 그래서 요즘엔 친구들이 하는 말을 그냥 듣기만 해요.

(자율성 ✦ 보석) **내 생각 소중히 여기고 표현하기**

친구들이 계속 말을 끊거나 넘어가면 마음이 상할 수 있어. 자율성 보석은 다른 사람의 반응에만 끌려가지 않고 내 생각을 스스로 지켜 내는 힘이야. 네 생각을 네가 먼저 소중히 여기고 표현하면 친구들도 그 가치를 알게 될 거야.

▶ 나는 이런 의견을 갖고 있어. 내 생각도 한번 들어 줄래?

▶ 아까 나온 의견도 좋지만, 나는 이런 방법도 생각해 봤어.

(자기 주도성 ✦ 보석) **말할 기회 스스로 만들기**

계속 듣기만 하다 보면 말할 타이밍을 놓치기 쉬워. 친구가 말을 멈췄을 때나 잠깐 빈틈이 생겼을 때 먼저 말문을 여는 것도 좋은 방법이야. 자기 주도성 보석은 기다리기만 하지 않고 스스로 기회를 만드는 힘이야. 가만히 들어 주길 기다리는 대신 말할 기회를 스스로 만들어 보자.

▶ 이번엔 내가 말해 볼게. 나는 이렇게 해 보면 좋을 것 같아!

▶ 나도 아이디어가 있어. 지금 말해 봐도 괜찮을까?

내 안에 반짝이는 강점 보석함

자율성
자기 주도성

생각을 꺼내 보여 줄 힘은
이미 네 안에 있어

✦✦✦

친구들이 먼저 말한다고 해서 네 생각이 덜 소중한 건 아니야.
기다리기만 하지 말고 "이번엔 나도 말해 볼게!" 하고
네 안의 이야기를 꺼내 봐. 처음엔 조금 떨릴 수 있지만
그 한마디가 네 의견을 펼쳐 내는 시작이 될 수 있어.
생각을 꺼내 보여 줄 힘은 이미 네 안에 분명히 있어!

학교생활 > 모둠 활동

모둠 활동에 아무도 참여하지 않아서 나 혼자 끙끙댈 때

친구들이 모둠 활동에 제대로 참여하지 않아서 저 혼자서만 열심히 하고 있어요. 내가 먼저 시작하면 다들 따라올 줄 알았는데, 시간이 지나도 아무도 도와주지 않아서 속이 타요. 이대로 가면 우리 모둠만 과제를 못 끝낼 것 같아 걱정돼요.

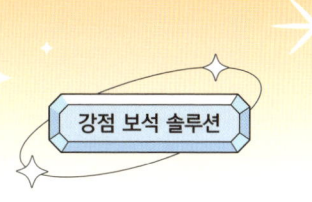

조율✦보석 역할 분담 제안하기

친구들이 가만히 있는 이유는 뭘 해야 할지 몰라서일지도 몰라. 조율 보석은 팀 안에서 각자의 역할을 자연스럽게 조정하고 연결하는 힘이야. 막연하게 같이 하자고 말하기보다 구체적으로 딱 집어서 말해 주면 친구들도 훨씬 명확하게 움직일 수 있어.

> ▶ 호준이는 글씨를 예쁘게 쓰니까 제목을 부탁해도 될까?
>
> ▶ 우리 역할을 나눠서 시작해 보자! 나는 말하기를 잘하니까 발표를 할게. 너는 뭘 잘해?

협력✦보석 함께하는 분위기 만들기

모둠 활동은 혼자 하는 게 아니라 같이 힘을 모아야 더 재미있고 수월하게 할 수 있어. 협력 보석은 함께할 때 힘이 커지도록 도와줘. 친구들이 조용히 있어도 네가 "우리 다 같이 힘을 합쳐서 한번 해 보자!"라고 말하면 분위기를 바꿀 수 있어. 모두가 힘을 내서 참여하도록 이렇게 말해 봐.

> ▶ 우리가 다 같이 하면 더 쉽고 재미있을 것 같아!
>
> ▶ 각자 잘하는 부분을 맡아서 하면 훨씬 빨리 끝날 거야.

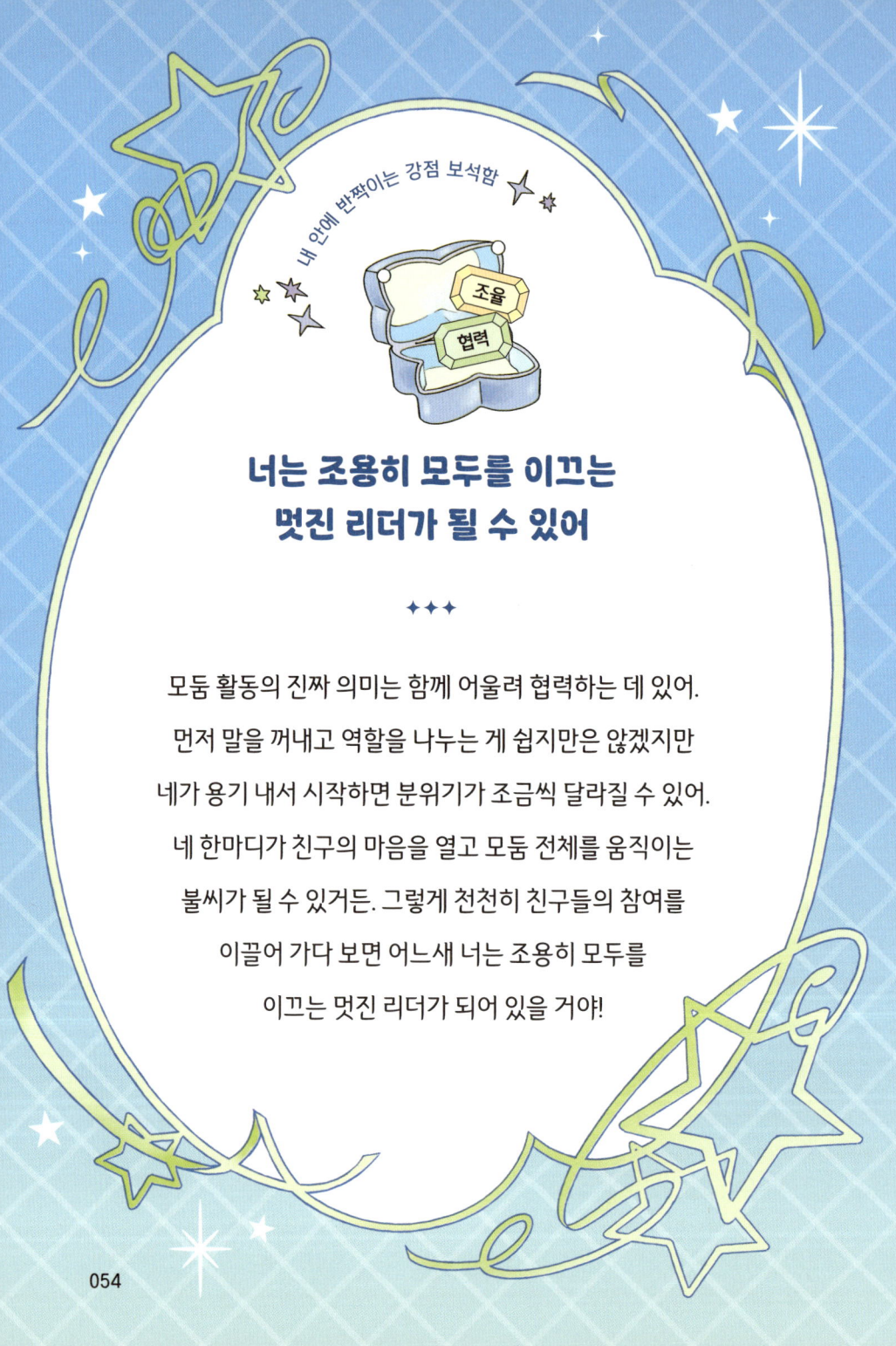

너는 조용히 모두를 이끄는
멋진 리더가 될 수 있어

✦✦✦

모둠 활동의 진짜 의미는 함께 어울려 협력하는 데 있어.
먼저 말을 꺼내고 역할을 나누는 게 쉽지만은 않겠지만
네가 용기 내서 시작하면 분위기가 조금씩 달라질 수 있어.
네 한마디가 친구의 마음을 열고 모둠 전체를 움직이는
불씨가 될 수 있거든. 그렇게 천천히 친구들의 참여를
이끌어 가다 보면 어느새 너는 조용히 모두를
이끄는 멋진 리더가 되어 있을 거야!

학교생활 > 모둠 활동

내 실수로 우리 모둠 발표를 망쳤다고 원망을 들을 때

발표하다가 제가 실수해서 모둠 점수가 낮아졌어요. 발표가 끝나자마자 친구들이 저를 탓하며 투덜댔어요. 열심히 모둠 발표를 준비한 친구들에게 너무 미안해요. 계속 친구들 눈치가 보이고 마음이 무거워요.

(자기 성찰 ✦ 보석) **실수를 인정하고 진심으로 사과하기**

실수는 누구나 할 수 있지만 실수했을 때 아무렇지 않은 척하거나 모른 척하면 친구와 사이가 더 멀어질 수 있어. 자기 성찰 보석은 내 실수를 솔직하게 바라보고 그 안에서 배울 점을 찾게 도와줘. 진심이 담긴 한마디는 친구들의 마음을 다시 열 수 있어.

- ▶ 정말 미안해. 내가 더 준비했어야 했는데 부족했어.
- ▶ 실수해서 미안해. 너희가 속상한 것도 이해해.

(실행력 ✦ 보석) **다음을 준비하는 마음**

솔직하게 인정하고 사과했다면 다음에는 어떻게 해야 더 잘할 수 있을지도 함께 말해 봐. "다음엔 이렇게 해 볼게!"라는 말은 사과만 하는 것보다 더 큰 믿음을 줄 수 있어. 잘하고 싶은 마음을 행동으로 보여 주겠다는 거니까.

- ▶ 다음 발표는 꼭 미리 연습해서 잘해 볼게.
- ▶ 이번 일 잊지 않고 다음에는 꼭 철저히 준비할게.

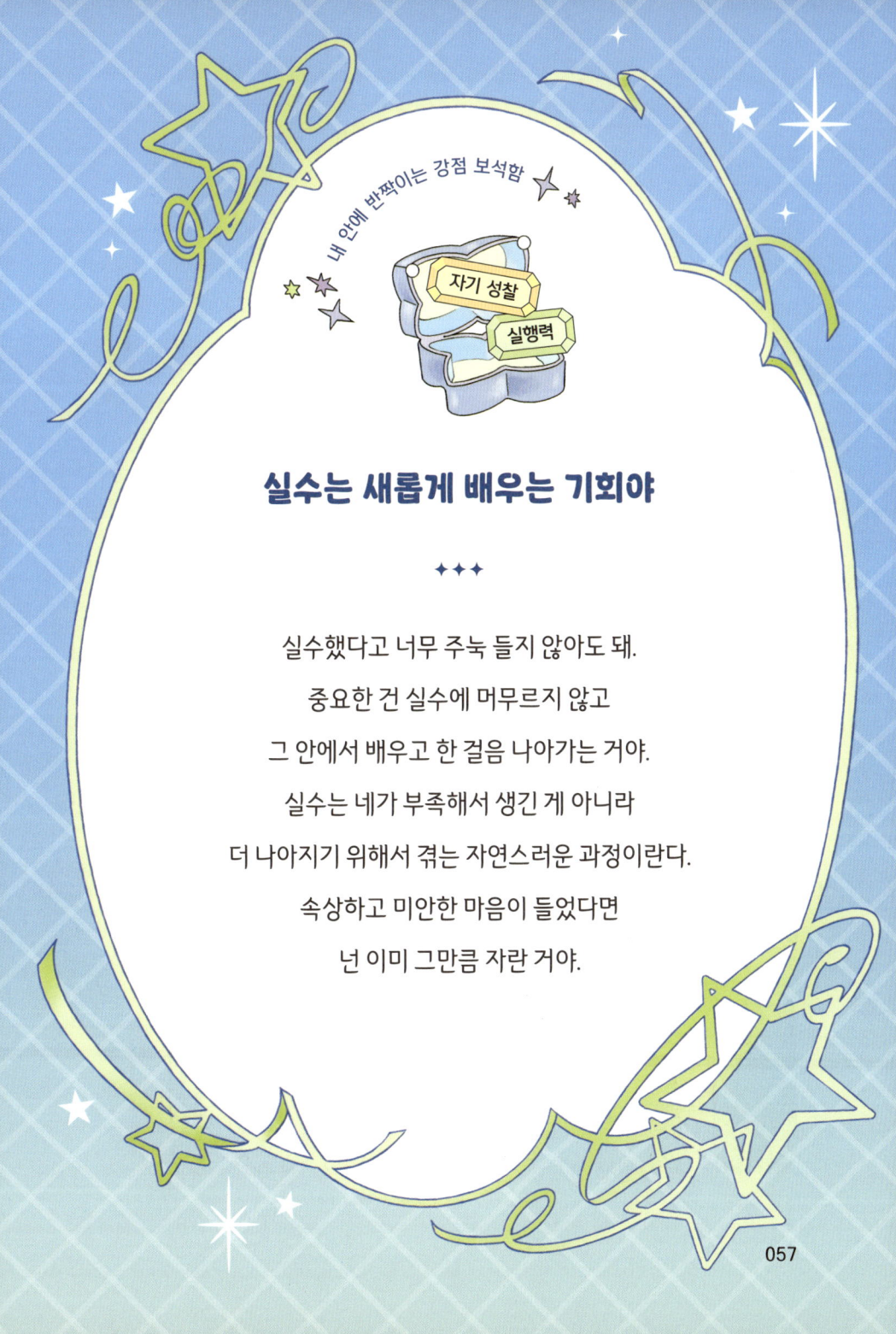

내 안에 반짝이는 강점 보석함

자기 성찰
실행력

실수는 새롭게 배우는 기회야

◆◆◆

실수했다고 너무 주눅 들지 않아도 돼.
중요한 건 실수에 머무르지 않고
그 안에서 배우고 한 걸음 나아가는 거야.
실수는 네가 부족해서 생긴 게 아니라
더 나아지기 위해서 겪는 자연스러운 과정이란다.
속상하고 미안한 마음이 들었다면
넌 이미 그만큼 자란 거야.

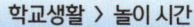 학교생활 > 놀이 시간

같이 놀고 싶은데 끼워 주지 않을 때

 고민이에요

친구들이 재미있게 놀고 있으면 같이 놀고 싶은 마음에 옆에서 기다려 봐도 저를 끼워 주지 않아요. 어떻게 말을 꺼내야 할지도 모르겠고 거절당하면 더 속상할 것 같아요. 그렇다고 혼자 있는 건 너무 외로워요.

(열린 태도 ✦ 보석) 같이 놀고 싶다는 마음 보여 주기

그냥 옆에서 기다리기만 하면 네가 같이 놀고 싶은지 친구들이 알기 어려울 수 있어. "나도 같이 놀고 싶어!" 하고 마음을 표현해 보자. 열린 태도 보석이 마음을 닫아 두지 않고 먼저 다가가서 솔직하게 전하도록 도와줄 거야.

- ▶ 나도 같이 놀고 싶은데, 한 명 더 들어갈 수 있을까?
- ▶ 규칙을 잘 모르지만 배우면서 할 수 있어. 나도 같이 놀고 싶어.

(새로운 시도 ✦ 보석) 놀이에 참여할 새로운 방법 찾아 보기

바로 놀이에 들어가기 어렵다면 친구들이 노는 모습을 살펴보면서 자연스럽게 참여할 방법을 찾아 봐. 역할을 바꾸거나 게임이 끝날 때를 기다리는 것도 좋아. 그러면 친구들의 놀이를 방해하지 않고 존중하면서 같이 놀 기회를 만들 수 있어.

- ▶ 내가 심판을 보면 어떨까?
- ▶ 다음 게임부터는 나도 같이 해 봐도 될까?

내 안에 반짝이는 강점 보석함

열린 태도
새로운 시도

관계에도 흐름을 읽는 눈이 필요해

✦✦✦

친구들과 어울리는 것에도 흐름이 있어.
지금 바로 끼지 못했다고 너무 속상해하지 마.
잠시 놀이를 지켜보면서 규칙을 익히고
네가 들어갈 수 있는 타이밍을 찾아 보는 것도 방법이야.
흐름을 살피고 조심스럽게 말을 건네면
너도 자연스럽게 어울릴 수 있어. 그런 네 모습은 분명
친구들에게 사려 깊게 다가갈 거야.

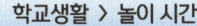

학교생활 > 놀이 시간

친구를 괴롭히면서 노는 것을 보았을 때

친구들이 민호를 놀리면서 웃고 장난치며 노는 모습을 보았어요. 처음엔 장난인 줄 알았는데 민호 표정이 점점 어두워지고 말수도 줄어들었어요. 모른 척해야 할지 나서야 할지 마음이 너무 복잡해요.

정의감 ✦ 보석   멈춰야 할 순간을 알아채고 말하기

누군가 속상해하는데 아무도 말리지 않으면 친구들은 그게 괜찮은 일이라고 착각할 수 있어. 이럴 땐 누군가 먼저 "그만하자."라고 말해야 해. 네가 용기 내서 말하면 분위기가 달라질 수 있어.

▶ 그만하자. 너희는 재미있을지 몰라도 민호는 힘들어하는 것 같아.

▶ 장난이라도 상대방이 싫어하면 멈춰야 해.

신뢰 ✦ 보석   어른에게 도움 요청하기

신뢰 보석은 누군가를 믿고 함께 문제를 해결해 나가는 힘이야. 혼자서 끙끙 앓지 말고 믿을 수 있는 어른에게 솔직하게 이야기해 봐. 그분들은 너를 도와줄 준비가 되어 있고 상황을 더 나은 방향으로 이끌어 줄 수 있어.

▶ 선생님, 친구들이 장난이라면서 민호를 계속 괴롭혀요.

▶ 엄마(아빠), 학교에서 친구가 힘들어해요. 어떻게 해야 할지 같이 이야기해 볼 수 있을까요?

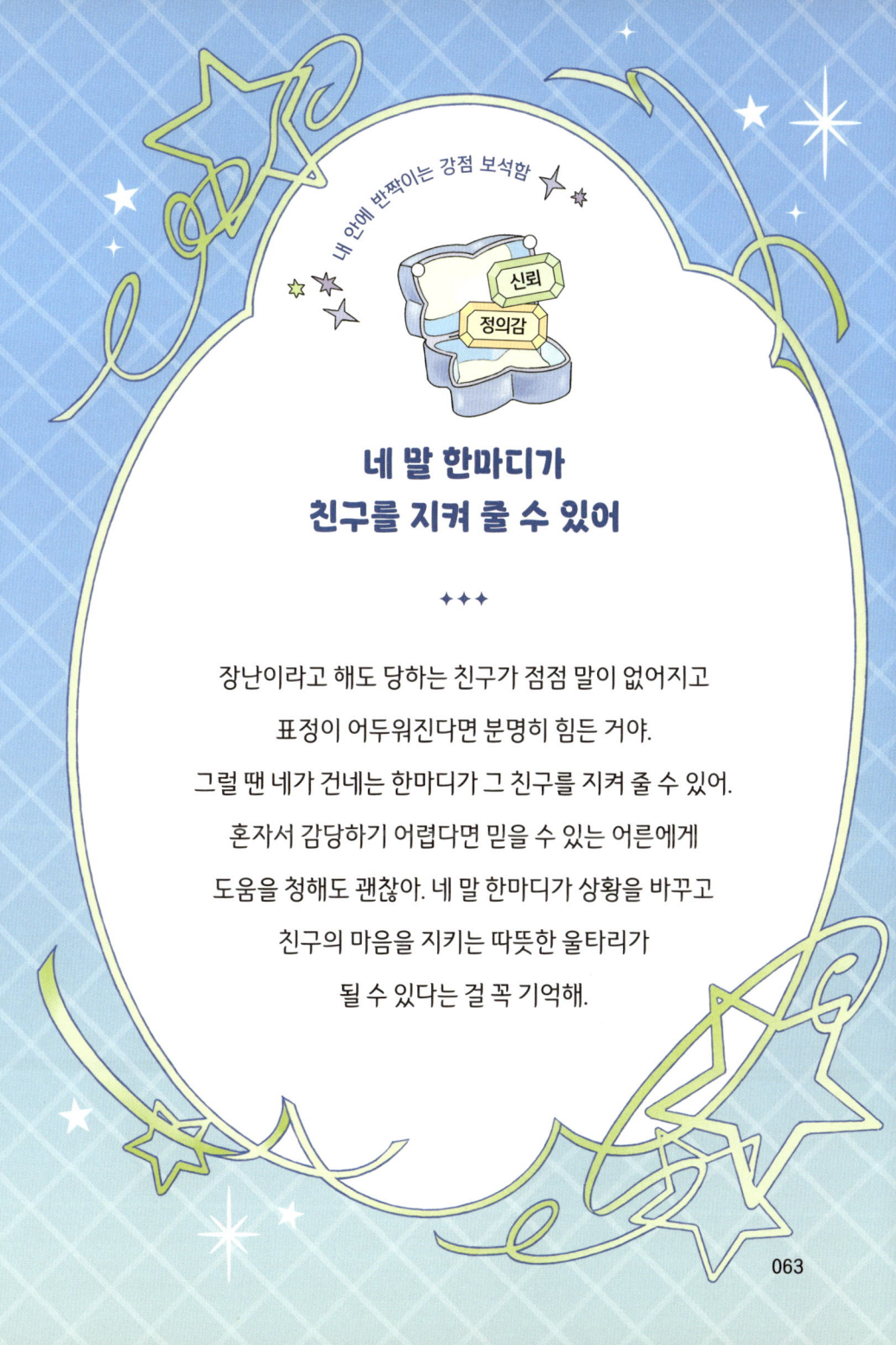

네 말 한마디가
친구를 지켜 줄 수 있어

✦✦✦

장난이라고 해도 당하는 친구가 점점 말이 없어지고
표정이 어두워진다면 분명히 힘든 거야.
그럴 땐 네가 건네는 한마디가 그 친구를 지켜 줄 수 있어.
혼자서 감당하기 어렵다면 믿을 수 있는 어른에게
도움을 청해도 괜찮아. 네 말 한마디가 상황을 바꾸고
친구의 마음을 지키는 따뜻한 울타리가
될 수 있다는 걸 꼭 기억해.

학교생활 > 체육 시간

피구할 때 공에 맞았다고 친구들이 놀릴 때

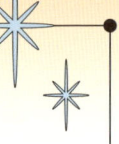

고민이에요

피구 경기를 하다가 공에 맞았는데 친구들이 웃고 놀렸어요. 처음엔 저도 그냥 웃어넘기려고 했는데 아프기도 하고 부끄러워서 눈물이 났어요.

다음 경기에서도 제대로 못 할까 봐 걱정돼.

친구들이 놀리니까 부끄럽고 민망해.

자율성 ✦ 보석 내 마음 스스로 선택하기

친구들이 놀린다고 해서 꼭 억지로 웃거나 괜찮은 척할 필요는 없어. 자율성 보석은 다른 사람의 기준에 끌려가지 않고 내 마음을 존중하는 힘이야. 지금 어떤 모습으로 반응할지는 네가 정할 수 있어.

> ▶ 난 지금 그냥 웃어넘기고 싶지 않아. 내 마음을 솔직히 말할래.
>
> ▶ 괜찮은 척하지 않을래. 아프니까 잠깐 쉬었다가 다시 할게.

단호함 ✦ 보석 놀림에 흔들리지 않는 태도

친구들이 실수 하나로 계속 놀릴 때는 그냥 넘어가지 말고 네 입장을 분명히 보여 줄 필요가 있어. 단호함 보석은 옳다고 믿는 것을 흔들리지 않고 말하는 힘이야. 네가 단호하게 말하면 친구들도 쉽게 놀리지 못할 거야.

> ▶ 실수했다고 계속 놀리는 건 이제 그만하자.
>
> ▶ 누구나 공에 맞을 수 있는 거잖아. 놀리지 마.

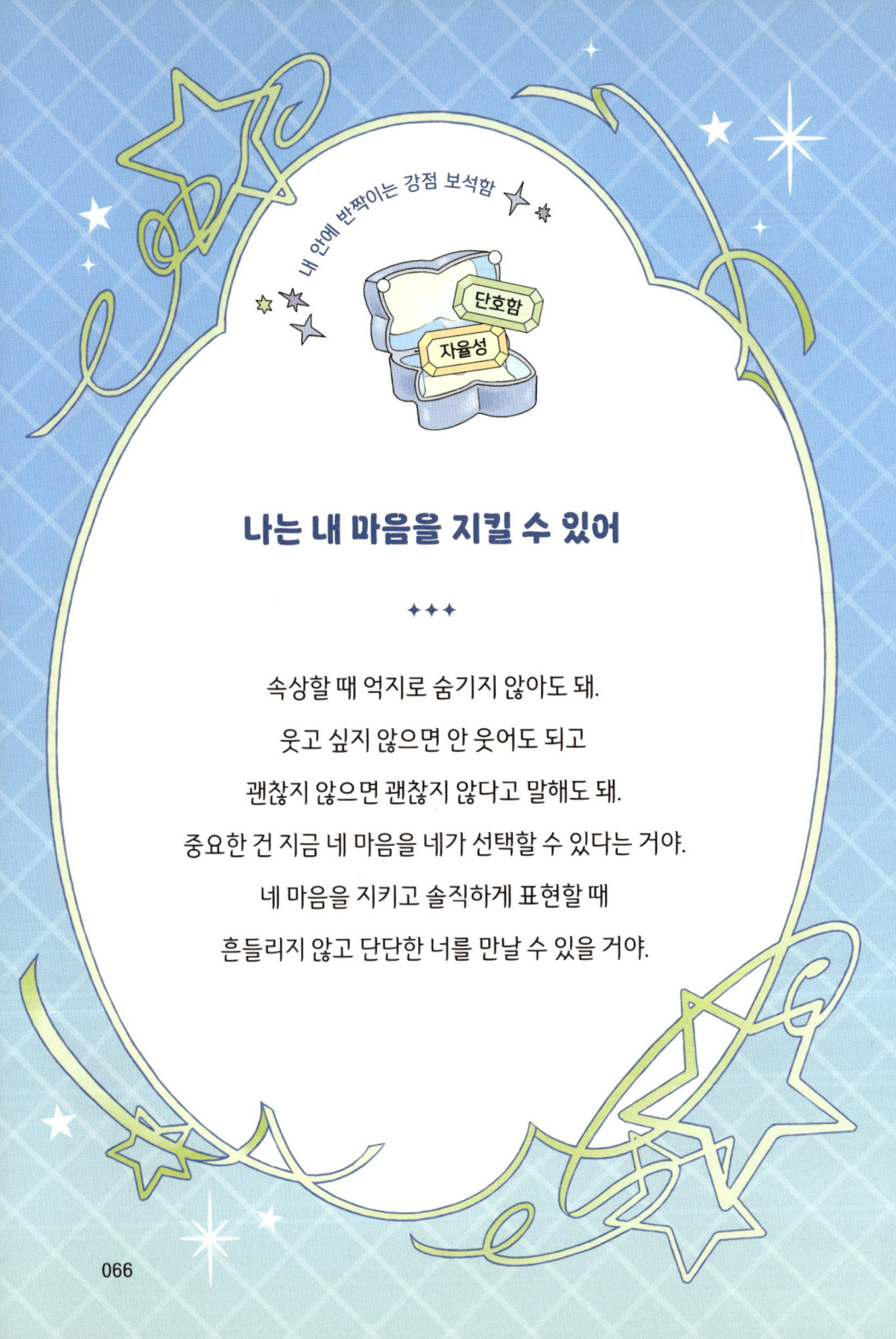

나는 내 마음을 지킬 수 있어

✦✦✦

속상할 때 억지로 숨기지 않아도 돼.
웃고 싶지 않으면 안 웃어도 되고
괜찮지 않으면 괜찮지 않다고 말해도 돼.
중요한 건 지금 네 마음을 네가 선택할 수 있다는 거야.
네 마음을 지키고 솔직하게 표현할 때
흔들리지 않고 단단한 너를 만날 수 있을 거야.

학교생활 > 체육 시간

축구를 못한다고
끼워 주지 않을 때

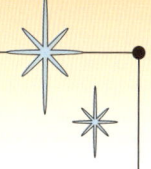

고민
이에요

축구를 잘 못해서 팀을 정할 때마다 항상 마지막까지 남아요. 가끔은 끼워 주지 않아서 혼자 구경만 하다가 끝날 때도 있어요. 저도 축구를 잘하고 싶은데 친구들이 잘 끼워 주지 않으니까 점점 더 자신이 없어져요.

(열정 ✦ 보석) **즐겁게 해 보려는 마음 보여 주기**

축구를 잘 못한다고 해서 아예 경기를 못 뛰는 건 아니야. 누구나 처음엔 서툴고 실수도 해. 중요한 건 즐겁게 해 보고 싶은 네 마음을 보여 주는 거야. 열정 보석은 하고 싶은 일에 힘차고 즐겁게 몰입하는 힘이야. 네가 활기차게 뛰어 보려는 의지를 보여 주면 친구들도 그 에너지를 느낄 수 있어.

▶ 나도 같이 하고 싶어. 조금 서툴지만 열심히 뛸게!

▶ 처음엔 실수할 수도 있지만 계속하면 분명 나아질 거야.

(협력 ✦ 보석) **팀을 도우려는 마음 꺼내기**

축구는 혼자 잘한다고 이기는 게임이 아니야. 서로 도우면서 같이 움직이는 게 중요해. 협력 보석은 친구들과 힘을 합치도록 도와줘. 네가 팀에 도움을 줄 수 있는 역할을 먼저 찾아 보면 친구들도 달라질 거야.

▶ 골키퍼를 맡아 볼게! 열심히 막을게.

▶ 작전 짜는 거 같이 해 보자. 그러면 더 재미있을 거야!

처음부터 잘하는 사람은 없어
함께하면서 자라는 거야

✦✦✦

경기는 함께 땀 흘리고 끝까지 최선을 다하는 사람들이
만들어 가는 거야. 패스하는 사람, 골을 막는 사람,
팀을 위해 뛰어 주는 사람 모두가 중요해. 네가 팀에 필요한
역할을 찾아 나서면 친구들도 점점 너를 믿고 인정하게 될 거야.
처음부터 잘하는 사람은 없어. 하지만 열정적으로 협력하는 사람은
결국 팀에 없어서는 안 될 중요한 사람이 된단다.
먼저 다가가서 적극적으로 너만의 역할을 찾아 봐.

학교생활 > 체육 시간

경기에서 지고 인정하지 않을 때

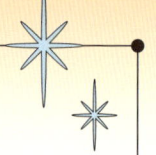

 고민이에요

오늘 축구 경기를 했어요. 저는 이기고 지는 것보다 친구들이랑 신나게 뛰는 게 더 좋았어요. 그런데 상대 팀이 분명히 진 경기인데도 결과를 인정하지 않고 계속 이겼다고 억지를 부려서 모두 기분이 상했어요.

친구가 억지를 부릴 땐 뭐라고 말해야 할까?
다투지 않으면서 잘 마무리할
방법은 없을까?

(신중함 ✦ 보석) **규칙 되새기기**

경기 결과가 마음에 들지 않을 때 다 같이 화를 내면 갈등이 커져. 그럴 땐 잠시 멈추고 모두가 동의한 규칙을 다시 떠올려 보자. 객관적인 기준을 확인하면 상황을 차분히 바라보면서 문제를 해결하는 데 도움이 돼.

▶ 우리 경기 시작 전에 정한 규칙을 다시 생각해 보자.

▶ 선생님께 정확한 판정을 부탁드려 보자.

(열린 태도 ✦ 보석) **패배에서 배우기**

경기는 이길 수도 있고 질 수도 있어. 열린 태도 보석은 지는 순간에도 배울 점을 찾게 도와줘. 이번에는 졌지만 규칙을 지켜 끝까지 해낸 경험이 남았으니까 다음엔 더 잘할 수 있을 거야.

▶ 오늘은 아쉽지만 연습해서 다음엔 더 멋진 경기를 해 보자.

▶ 이번에 부족했던 점을 알았으니까 다음엔 달라질 거야.

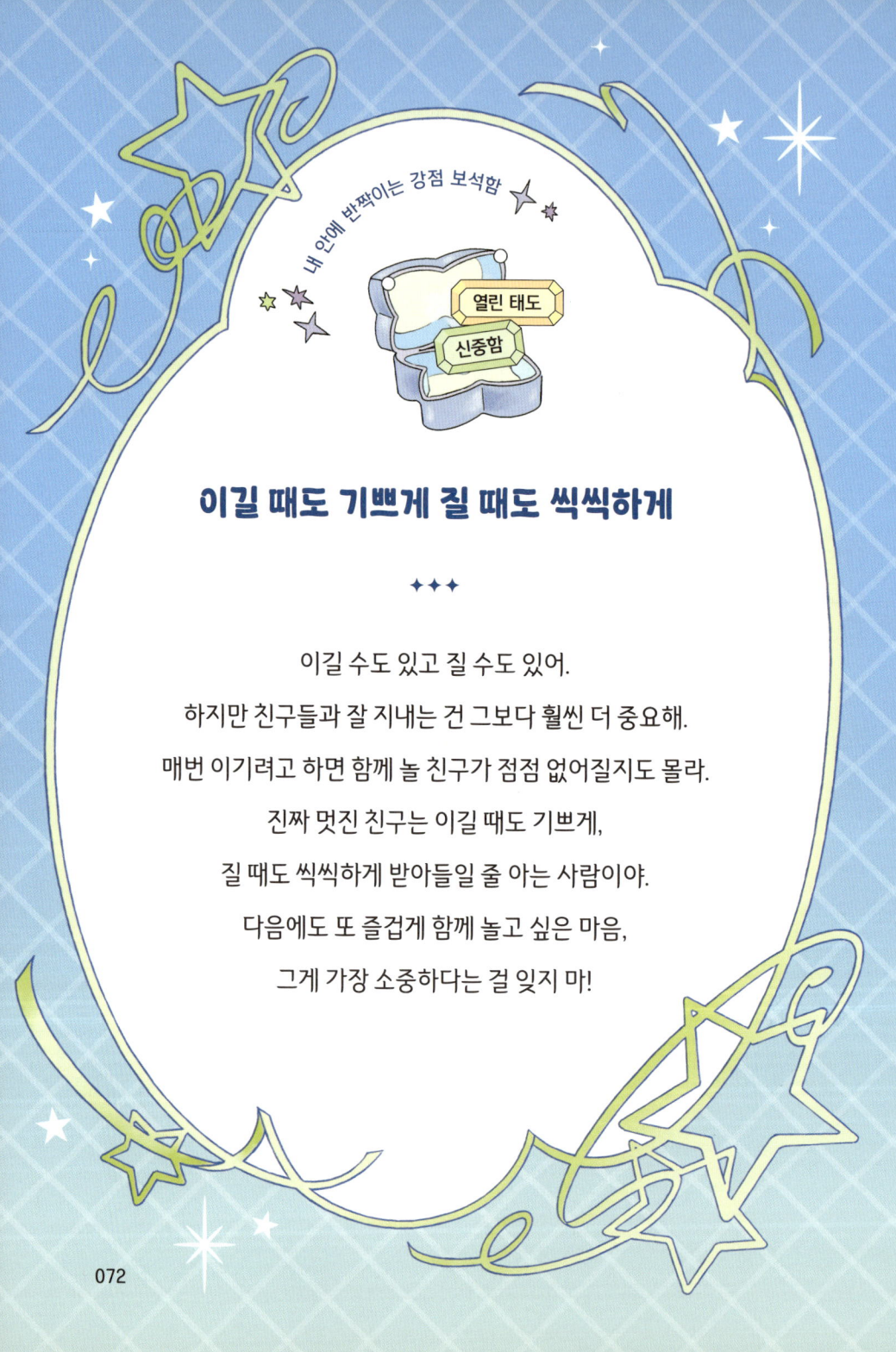

이길 때도 기쁘게 질 때도 씩씩하게

✦✦✦

이길 수도 있고 질 수도 있어.

하지만 친구들과 잘 지내는 건 그보다 훨씬 더 중요해.

매번 이기려고 하면 함께 놀 친구가 점점 없어질지도 몰라.

진짜 멋진 친구는 이길 때도 기쁘게,

질 때도 씩씩하게 받아들일 줄 아는 사람이야.

다음에도 또 즐겁게 함께 놀고 싶은 마음,

그게 가장 소중하다는 걸 잊지 마!

학교생활 > 점심 시간

줄 서 있는데
친구가 새치기할 때

고민이에요

점심시간에 줄 서 있는데 갑자기 내 앞에 친구가 끼어들었어요. 주변 친구들도 다 봤지만 아무도 뭐라고 하지 않았어요. 내가 나서서 말하자니 친구가 기분 나빠 할 것 같고, 그냥 넘기자니 자꾸 반복될 것 같아요.

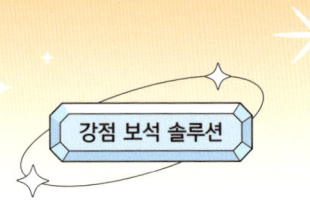

용기 ◆ 보석 규칙을 지키기 위해 나서기

친구가 새치기했을 때 가만히 있으면 그 행동이 계속될 수 있어. 용기 보석은 두렵더라도 옳다고 생각하는 규칙을 지키기 위해 나서는 힘이야. 네가 용기 내어 말하면 질서를 바로잡고 모두가 더 편하게 기다릴 수 있어.

> ▶ 우리 차례대로 줄 서자. 다 같이 기다리는 중이잖아.
>
> ▶ 나도 기다렸어. 순서 지켜 줘!

정의감 ◆ 보석 규칙 알려 주기

줄 서는 건 모두가 꼭 지켜야 하는 중요한 약속이야. 정의감 보석은 옳고 그름을 분명히 알고 불공평한 일이 일어나면 바로잡으려는 힘이야. 친구가 새치기하려고 한다면 규칙을 분명하게 말해 주자. 네가 확실히 알려 주면 친구도 네 말에 귀 기울이고 행동을 바꿀 수 있어.

> ▶ 우리 반 규칙 기억하지? 분명히 우리 새치기하지 말자고 했잖아.
>
> ▶ 다음부터는 순서 지켜 주면 좋겠어. 다 같이 배려하자!

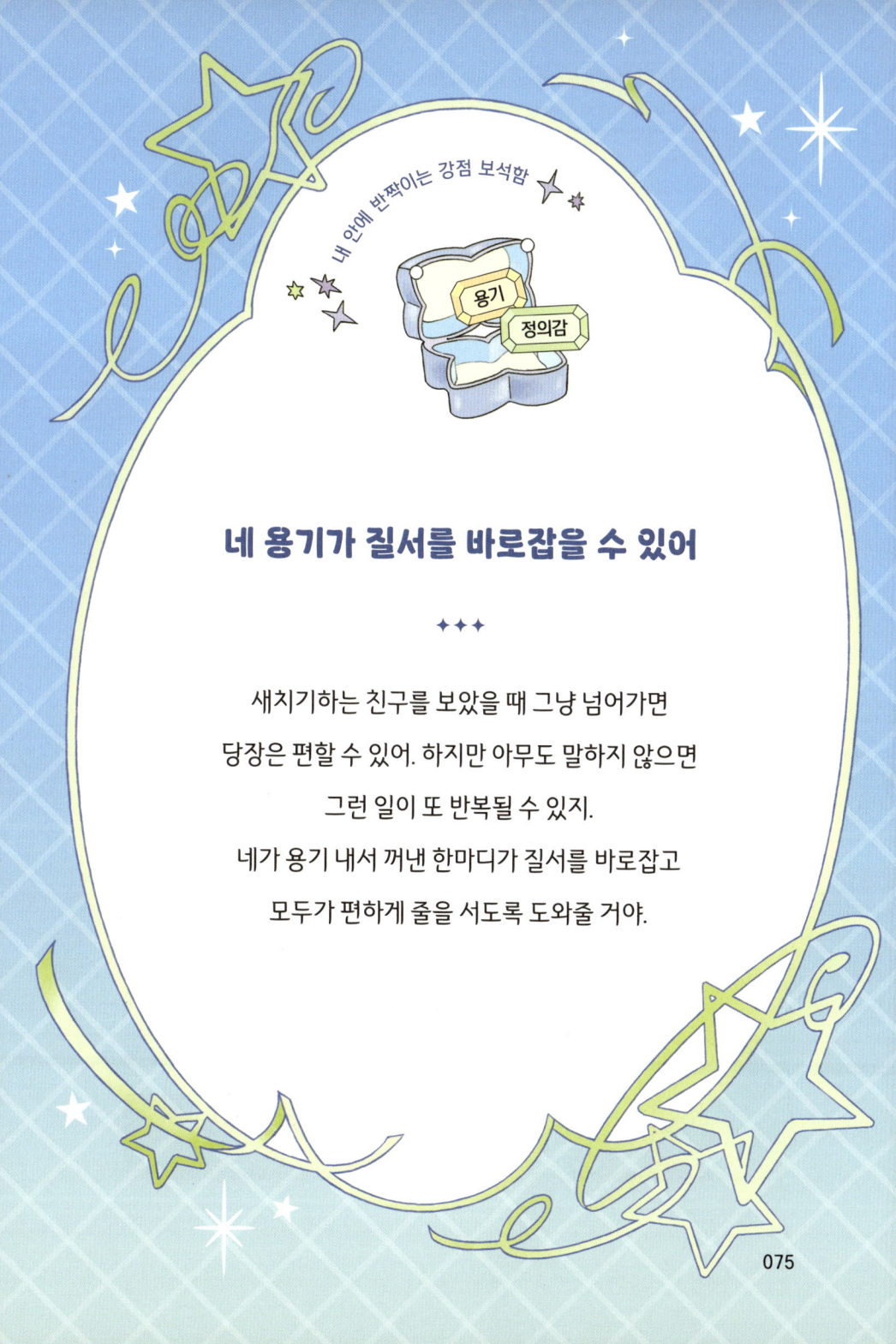

네 용기가 질서를 바로잡을 수 있어

✦✦✦

새치기하는 친구를 보았을 때 그냥 넘어가면
당장은 편할 수 있어. 하지만 아무도 말하지 않으면
그런 일이 또 반복될 수 있지.
네가 용기 내서 꺼낸 한마디가 질서를 바로잡고
모두가 편하게 줄을 서도록 도와줄 거야.

학교생활 > 점심 시간

먹기 싫은 반찬을 나에게 주었을 때

고민이에요

민준이가 자기가 싫어하는 반찬을 내 그릇에 슬쩍 넣었어요. 내가 싫다고 하면 "넌 잘 먹잖아" 하면서 또 주려고 해요. 한두 번은 괜찮았지만 계속 이러니까 마음이 불편해요.

단호함✦보석   분명히 거절하기

친구가 싫어하는 반찬을 계속 주려고 할 때는 단호하게 거절하는 게 중요해. 애매하게 반응하면 계속 반복될 수 있으니까 내 입장을 분명하게 표현해야 해. 거절하는 걸 미안해할 필요 없어. 내 식사는 내가 결정하는 거야!

▶ 고마운데, 나도 이 반찬은 별로야.

▶ 각자 자기 반찬은 자기가 먹는 게 좋을 것 같아.

유연함✦보석   대안 제시하기

거절할 때는 그냥 "싫어."라고만 말하기보다 대안을 제시하면 더 효과적이야. 유연함 보석은 상황을 부드럽게 바꿔서 더 나은 방법을 함께 찾게 도와줘. 더 나은 방법을 함께 찾으면 친구도 기분 나쁘지 않고 앞으로 이런 일이 줄어들 수 있어.

▶ 그 반찬이 싫으면 반찬을 받을 때 조금만 달라고 해 보는 건 어때?

▶ 나한테 반찬 나눠 먹어도 괜찮은지 먼저 물어봐 줄래?

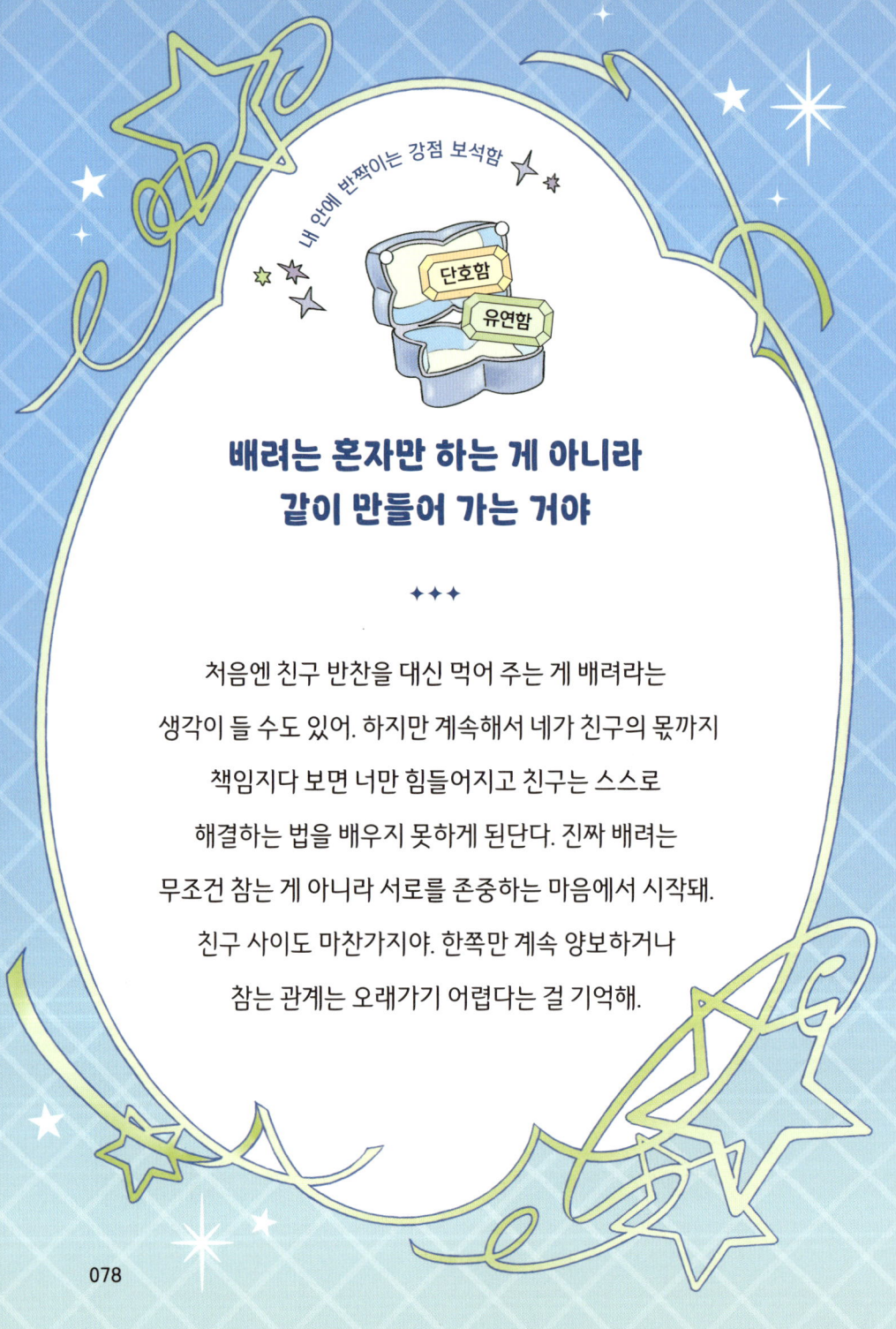

배려는 혼자만 하는 게 아니라 같이 만들어 가는 거야

✦✦✦

처음엔 친구 반찬을 대신 먹어 주는 게 배려라는 생각이 들 수도 있어. 하지만 계속해서 네가 친구의 몫까지 책임지다 보면 너만 힘들어지고 친구는 스스로 해결하는 법을 배우지 못하게 된단다. 진짜 배려는 무조건 참는 게 아니라 서로를 존중하는 마음에서 시작돼. 친구 사이도 마찬가지야. 한쪽만 계속 양보하거나 참는 관계는 오래가기 어렵다는 걸 기억해.

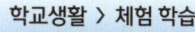 학교생활 > 체험 학습

버스에서 같이 앉을 친구가 없을 때

 고민이에요

체험 학습 가는 버스를 탔어요. 아이들은 이미 짝을 정한 것 같고 저만 혼자 남았어요. 저도 친구랑 같이 앉고 싶은데 어떻게 말을 걸어야 할지 몰라서 망설이고 있어요.

079

(자신감 ✦ 보석) 먼저 한 걸음 다가가기

거절당할까 봐 걱정하고 망설이기보다는 자신감 있게 먼저 다가가 보면 어떨까? 이럴 때 자신감 보석은 내가 좋은 친구가 될 수 있다는 믿음을 꺼내게 해 줘. '나랑 같이 앉으면 엄청 재미있고 즐거울 텐데!' 하는 유쾌한 마음으로 먼저 가볍게 말을 건네 봐.

▶ 여기 자리 비었니? 내가 앉아도 될까?

▶ 우리 둘 다 아직 짝이 없네! 같이 앉아서 가자.

(친밀함 ✦ 보석) 공통된 주제로 대화 시작하기

가만히 있으면 더 어색하고 불편할 수도 있어. 이럴 때 체험 학습이라는 공통된 주제부터 시작하면 자연스럽게 대화를 이어 갈 수 있어. 말 한마디가 친구와 친해지는 시작이 될 수 있어.

▶ 여기 가 본 적 있어? 나는 처음이라 기대돼!

▶ 가는 동안 심심할 텐데, 같이 이야기하면서 가자!

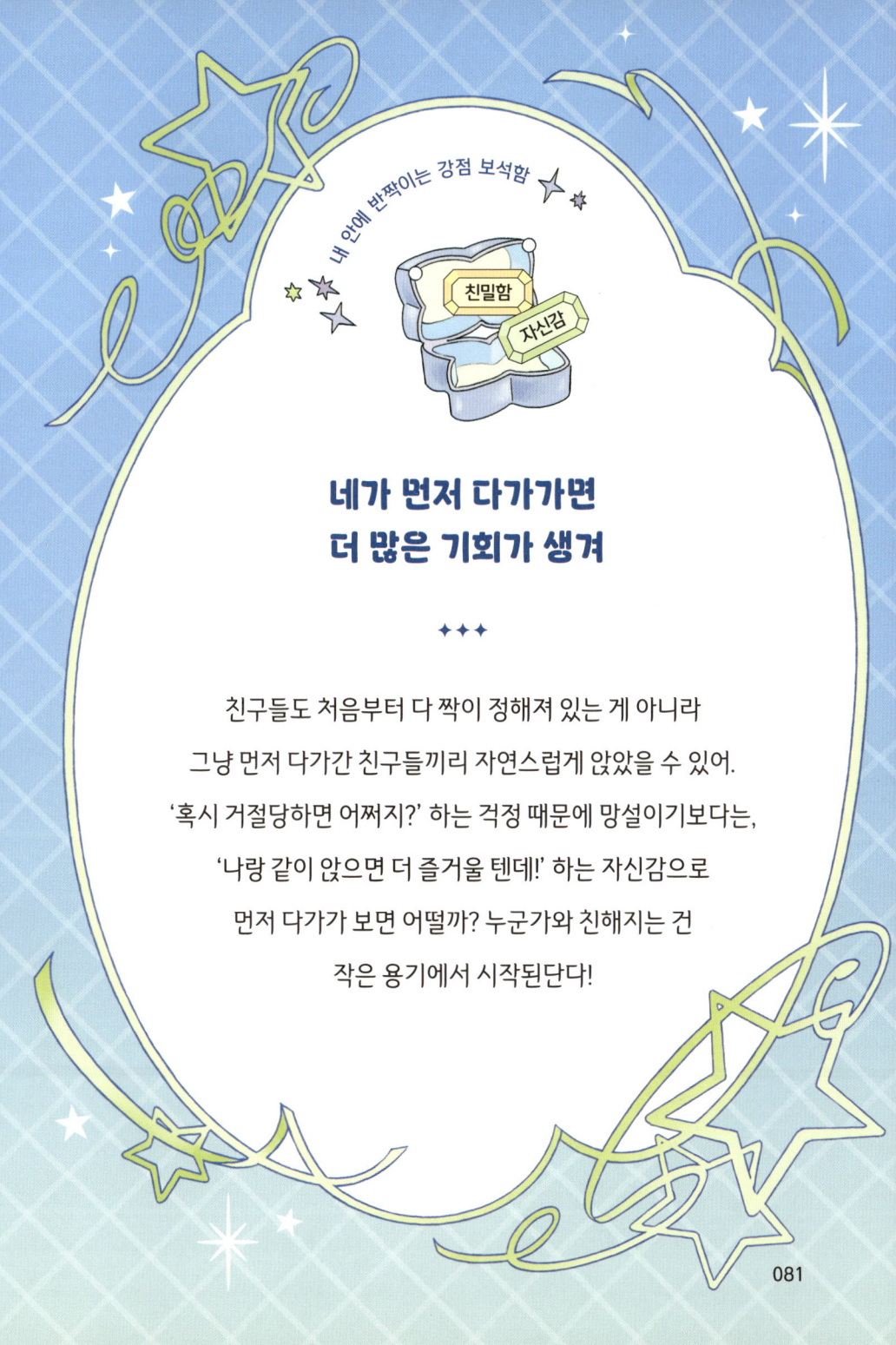

네가 먼저 다가가면
더 많은 기회가 생겨

✦✦✦

친구들도 처음부터 다 짝이 정해져 있는 게 아니라

그냥 먼저 다가간 친구들끼리 자연스럽게 앉았을 수 있어.

'혹시 거절당하면 어쩌지?' 하는 걱정 때문에 망설이기보다는,

'나랑 같이 앉으면 더 즐거울 텐데!' 하는 자신감으로

먼저 다가가 보면 어떨까? 누군가와 친해지는 건

작은 용기에서 시작된단다!

친구 관계에서 고민이 있을 땐
어떻게 해야 할까?

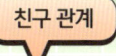 친구 관계

농담으로 나를 놀리는데 웃음이 나오지 않을 때

 고민이에요

친구들이랑 놀다 보면 종종 나를 놀리면서 "재미로 그러는 거야.", "에이, 농담인데 뭘."이라고 말해요. 친구들은 놀리는 게 재미있을지 모르지만 나는 전혀 재미있지 않고 기분만 나빠요.

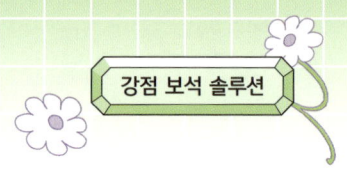

강점 보석 솔루션

(경계 설정 ♦ 보석) **넘지 말아야 할 선 분명히 말하기**

서로 즐거워야 진짜 농담인 거야. 한쪽이 상처받고 있다면 무례한 말일 수 있어. 경계 설정 보석은 불편한 상황에서 나를 지키기 위해 "안 돼."라고 말하는 힘이야. 친구가 선을 넘으면 불편하다고 분명하게 알려 줘야 해. 그래야 친구도 어떤 말이 장난이고 어떤 말이 상처가 되는지 구분할 수 있어.

- ▶ 너한테는 장난일 수 있어도 나한테는 아니야.
- ▶ 그런 농담은 듣고 싶지 않아.

(문제해결력 ♦ 보석) **상처 주지 않으면서 관계를 이어 갈 방법 찾기**

친구에게 불편한 마음을 전했다면 그다음엔 어떻게 지내고 싶은지도 함께 말해 봐. 문제해결력 보석은 갈등이 생겼을 때 피하거나 무작정 참는 대신 서로 다른 입장을 풀어 나가도록 도와줘. 구체적인 방법을 제안하면 친구도 더 쉽게 받아들이고 계속 관계를 잘 이어 갈 수 있어.

- ▶ 우리 서로 기분 나쁠 때는 바로 말하기로 하자.
- ▶ 나도 너랑 잘 지내고 싶어. 서로 조심하면서 놀면 좋겠어.

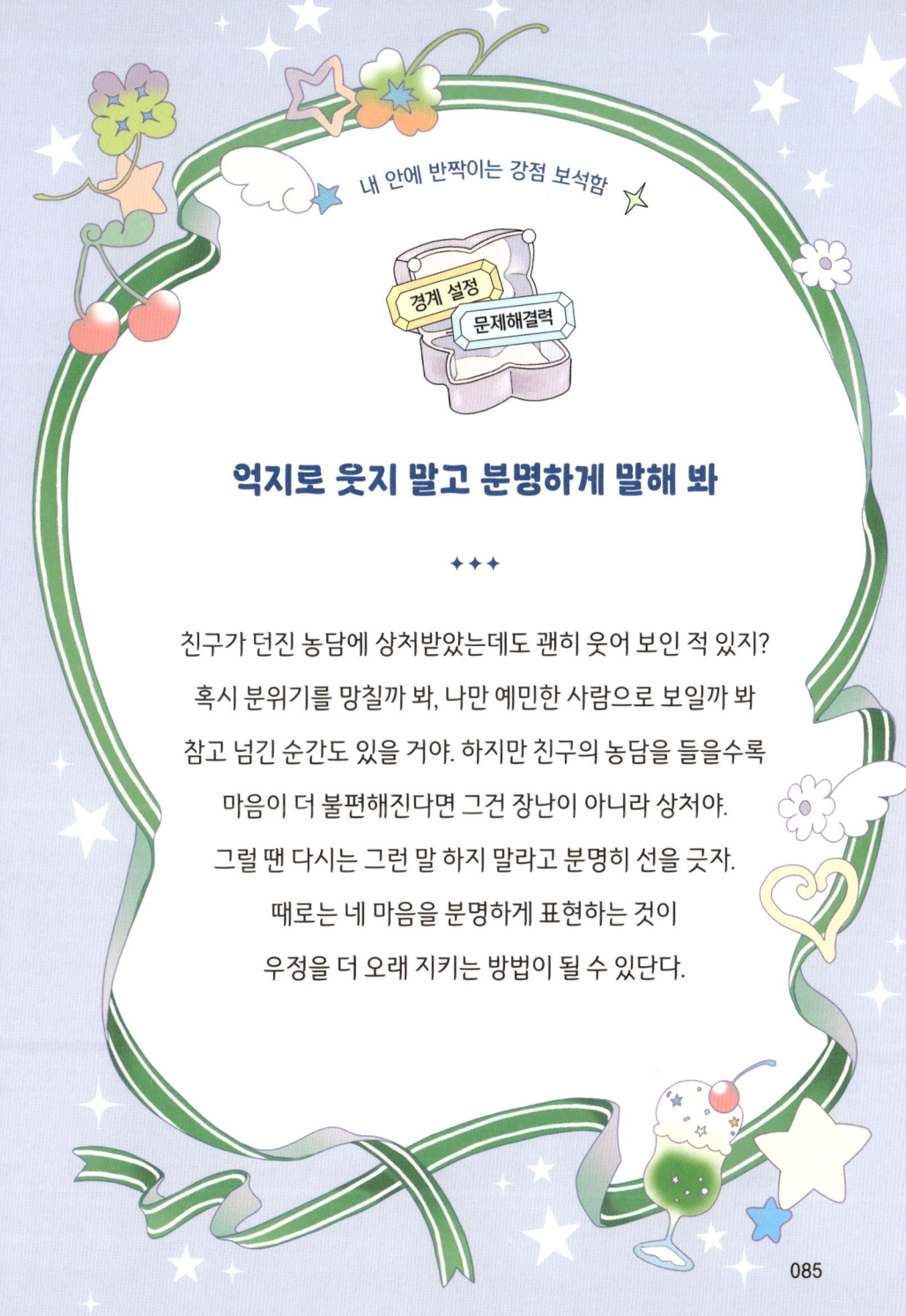

내 안에 반짝이는 강점 보석함

경계 설정
문제해결력

억지로 웃지 말고 분명하게 말해 봐

✦✦✦

친구가 던진 농담에 상처받았는데도 괜히 웃어 보인 적 있지?
혹시 분위기를 망칠까 봐, 나만 예민한 사람으로 보일까 봐
참고 넘긴 순간도 있을 거야. 하지만 친구의 농담을 들을수록
마음이 더 불편해진다면 그건 장난이 아니라 상처야.
그럴 땐 다시는 그런 말 하지 말라고 분명히 선을 긋자.
때로는 네 마음을 분명하게 표현하는 것이
우정을 더 오래 지키는 방법이 될 수 있단다.

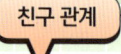 **친구 관계**

친구가 놀자고 하는데 선약이 있을 때

 친구에게 놀자고 연락이 왔는데 이미 다른 약속이 있어요. 바로 거절하면 친구가 속상해할 것 같아 걱정돼요. 그렇다고 선약을 취소하고 친구랑 놀 수도 없고 어떻게 대답해야 할지 모르겠어요.

(설득력 ✦ 보석) 이유를 분명하게 설명하기

친구의 부탁을 거절해야 할 때는 이유를 숨기지 말고 솔직하게 설명하는 게 좋아. 설득력 보석은 내 상황을 분명하게 전해서 친구가 납득하도록 도와줘. 돌려 말하기 보다 상황을 있는 그대로 말해 주면 친구도 오해하지 않고 이해할 수 있을 거야.

- ▶ 미안해, 오늘은 이미 약속이 있어서 못 만날 것 같아.
- ▶ 오늘은 가족 모임이 있어서 못 가. 대신 다음에 만나면 더 오래 놀자!

(신뢰 ✦ 보석) 약속을 꼭 지켜 믿음 주기

거절한 뒤에는 다음 약속을 분명히 정하고 반드시 지키는 게 중요해. 신뢰 보석은 말한 것을 행동으로 이어 가는 힘이야. 명확히 약속하고 지키면 친구도 너에게 믿음을 갖게 될 거야.

- ▶ 내일은 내가 먼저 연락할게. 그때 꼭 보자.
- ▶ 이번 주말에는 약속대로 만나서 놀자. 네가 좋아하는 게임도 준비할게.

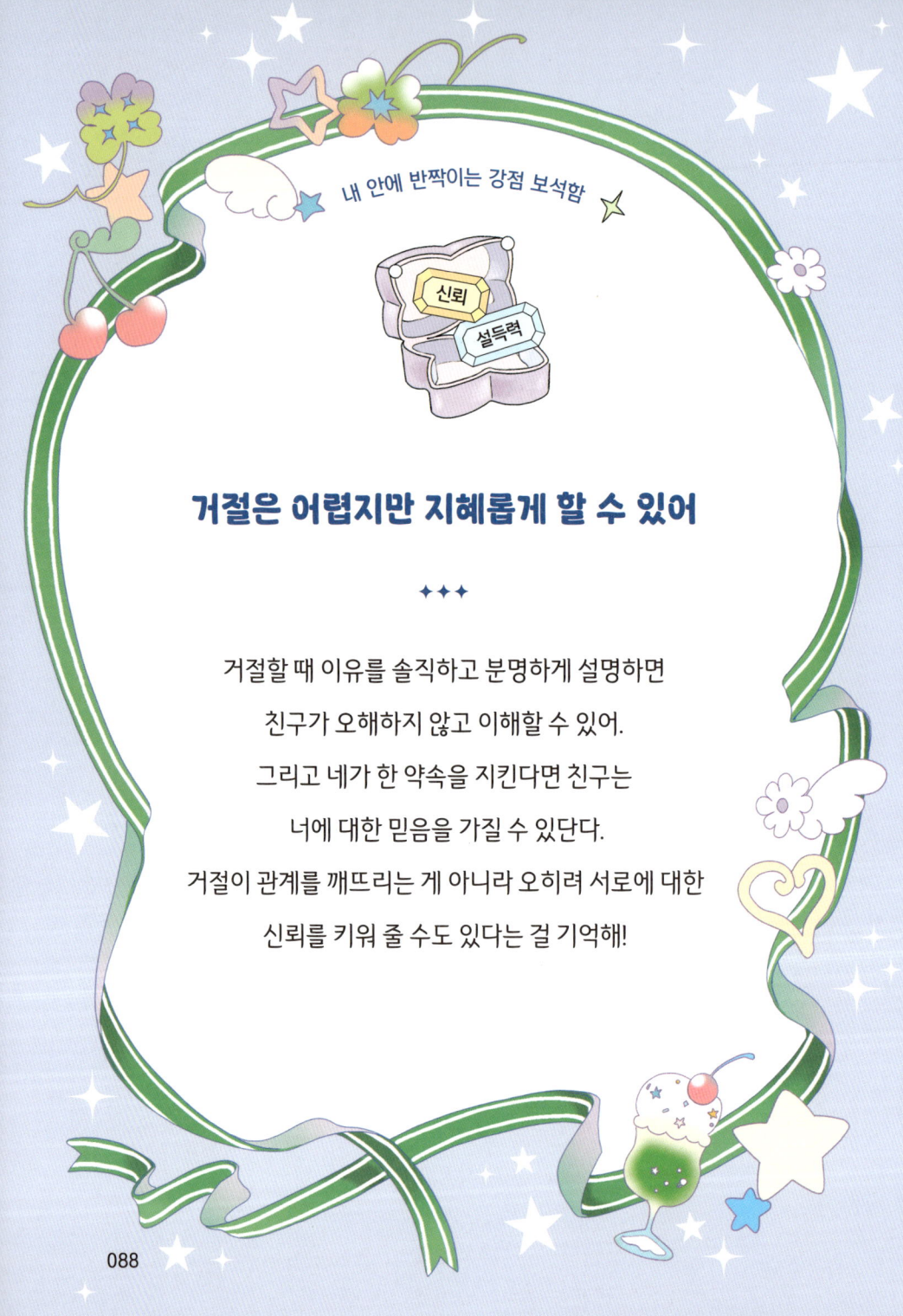

내 안에 반짝이는 강점 보석함

신뢰
설득력

거절은 어렵지만 지혜롭게 할 수 있어

✦✦✦

거절할 때 이유를 솔직하고 분명하게 설명하면
친구가 오해하지 않고 이해할 수 있어.
그리고 네가 한 약속을 지킨다면 친구는
너에 대한 믿음을 가질 수 있단다.
거절이 관계를 깨뜨리는 게 아니라 오히려 서로에 대한
신뢰를 키워 줄 수도 있다는 걸 기억해!

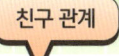 친구 관계

자기가 원하는 대로 따르기만을 바랄 때

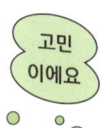 고민이에요

지연이는 놀 때마다 자기가 하고 싶은 대로만 하려고 해요. 제가 다른 의견을 말하면 금방 삐져서 또 참고 맞춰 줘야 해요. 가끔은 제가 하고 싶은 걸 말하고 싶은데 그러면 괜히 사이가 멀어질까 봐 겁나요.

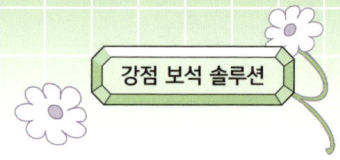

단호함 ✦ 보석 불편한 상황에 '아니'라고 말하기

친구가 자기 생각만 고집할 때마다 참고 넘기기만 하면 네 마음에 불만이 계속 쌓일 수 있어. 단호함 보석은 불편한 상황에서도 내 생각을 분명하게 말하는 힘이야. 솔직하게 네 마음을 표현하면 친구도 네 생각을 진지하게 받아들일 거야.

▶ 친구니까 서로 배려하는 게 더 좋을 것 같아. 내 생각도 좀 들어 봐 줄래?

▶ 이번에는 내가 하고 싶은 걸 같이 하면 좋겠어.

조율 ✦ 보석 서로 존중하는 방법 찾기

친구 관계는 한쪽만 따르기보다 서로가 즐겁도록 방법을 함께 찾아 가는 게 중요해. 조율 보석은 내 마음과 친구 마음 사이에서 균형점을 찾는 힘이야. 번갈아 하기처럼 규칙을 정하는 방법으로 둘 다 기분 좋게 지낼 수 있어.

▶ 우리 서로 하고 싶은 게 다를 땐 한 번씩 번갈아 가면서 해 보자.

▶ 하고 싶은 게 다르면 가위바위보로 정해 볼까?

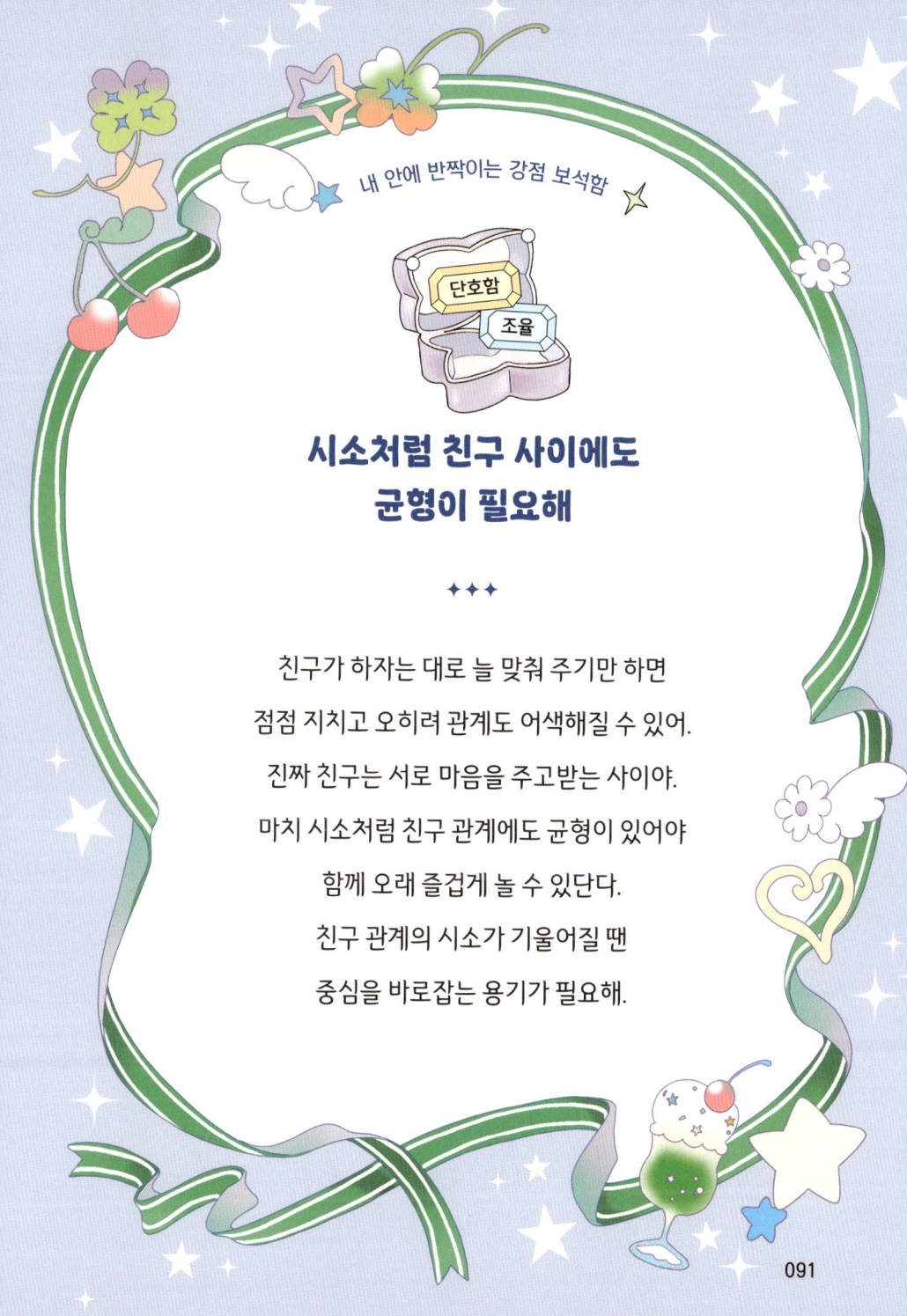

내 안에 반짝이는 강점 보석함

단호함
조율

시소처럼 친구 사이에도 균형이 필요해

✦✦✦

친구가 하자는 대로 늘 맞춰 주기만 하면
점점 지치고 오히려 관계도 어색해질 수 있어.
진짜 친구는 서로 마음을 주고받는 사이야.
마치 시소처럼 친구 관계에도 균형이 있어야
함께 오래 즐겁게 놀 수 있단다.
친구 관계의 시소가 기울어질 땐
중심을 바로잡는 용기가 필요해.

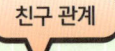 친구 관계

인기 많은 아이가 되고 싶을 때

 고민이에요

반에서 인기 많은 친구 주변으로 아이들이 모여드는 모습을 보면 나도 그렇게 되고 싶어요. 부러운 마음에 애써 보려고 하는데 그럴수록 오히려 버벅거리기만 해요.

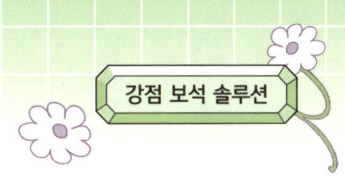

강점 보석 솔루션

`의미 찾기 ✦ 보석` **진짜 중요한 게 뭔지 돌아보기**

인기 있는 친구처럼 보이고 싶다는 마음은 누구나 가질 수 있어. 하지만 의미 찾기 보석은 내가 진짜 원하는 게 무엇인지 생각하도록 도와줘. 겉모습이나 특별한 재능보다 더 소중한 건 친구와 마음을 나누는 순간이야. 인기 많은 사람이 되는 것보다 진심을 전할 수 있는 사람이 되는 게 훨씬 값진 거지.

▶ 멋져 보이려고 애쓰기보다 친구에게 따뜻한 한마디를 해 볼래.

▶ 내가 어떤 모습일 때 친구들이랑 더 즐겁게 지낼 수 있을까 생각해 볼래.

`진정성 ✦ 보석` **진심을 담아서 다가가기**

인기가 많아지고 싶다고 해서 일부러 어색하게 나서지 않아도 돼. 친구의 이야기에 진솔하게 귀 기울이는 것부터 시작해 보면 어떨까? 서로의 고민이나 생각을 나누고 공감하다 보면 너를 좋아하는 친구들이 생길 거야. 네가 먼저 진심을 담아서 다가가면 친구들도 너에게 편안하게 다가올 수 있어.

▶ 무슨 일 있었어? 내가 도와줄게.

▶ 괜찮아, 같이 방법을 찾아 보자.

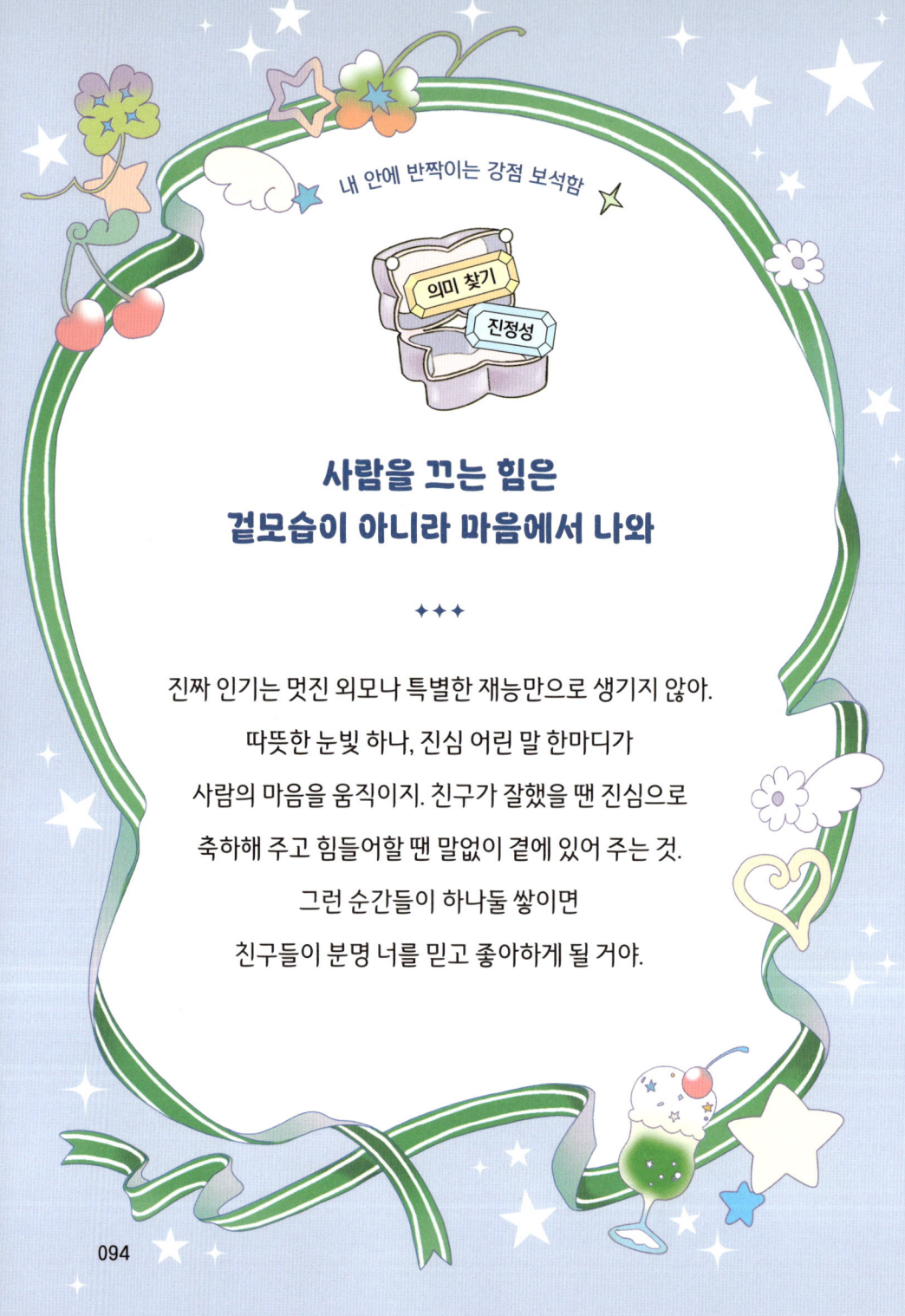

내 안에 반짝이는 강점 보석함

의미 찾기
진정성

사람을 끄는 힘은
겉모습이 아니라 마음에서 나와

✦✦✦

진짜 인기는 멋진 외모나 특별한 재능만으로 생기지 않아.
따뜻한 눈빛 하나, 진심 어린 말 한마디가
사람의 마음을 움직이지. 친구가 잘했을 땐 진심으로
축하해 주고 힘들어할 땐 말없이 곁에 있어 주는 것.
그런 순간들이 하나둘 쌓이면
친구들이 분명 너를 믿고 좋아하게 될 거야.

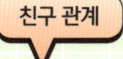 친구 관계

나와는 조금 다른 친구와 친해지고 싶을 때

 고민이에요

우리 반 친구들이랑 친해지고 싶은데 다들 저랑 좋아하는 것도 다르고 성격도 좀 달라요. 어떻게 다가가야 할지 몰라서 어색해요. 친구들이 부담스러워할까 봐 걱정도 되고요.

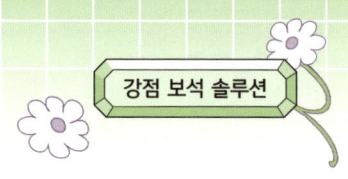

강점 보석 솔루션

`열린 태도 ✦ 보석` **다름을 받아들이기**

꼭 같은 걸 좋아하지 않아도 친구가 될 수 있어. 열린 태도 보석은 내 생각과 달라도 새로운 관점을 받아들이도록 도와줘. 친구가 좋아하는 걸 존중해 주면 너도 자연스럽게 그 세계를 함께 느낄 수 있어.

▶ 나는 책 읽는 걸 좋아하는데, 네가 좋아하는 게임 얘기도 듣고 싶어.

▶ 네가 말해 준 음악 처음 들어 보는데, 생각보다 재미있다!

`유연함 ✦ 보석` **함께 어울릴 방법 찾아 보기**

친구와 친해지려면 내 방식만 고집하지 않고 다른 방법으로도 함께할 수 있어야 해. 유연함 보석은 상황에 맞게 다르게 해 보는 힘이야. 작은 시도가 쌓이면 친구 사이도 점점 가까워질 수 있어.

▶ 오늘은 네가 하고 싶은 놀이 먼저 해 보고, 다음에는 내가 하고 싶은 걸 같이 하자.

▶ 우리가 좋아하는 걸 섞어서 새로운 놀이를 만들어 보자.

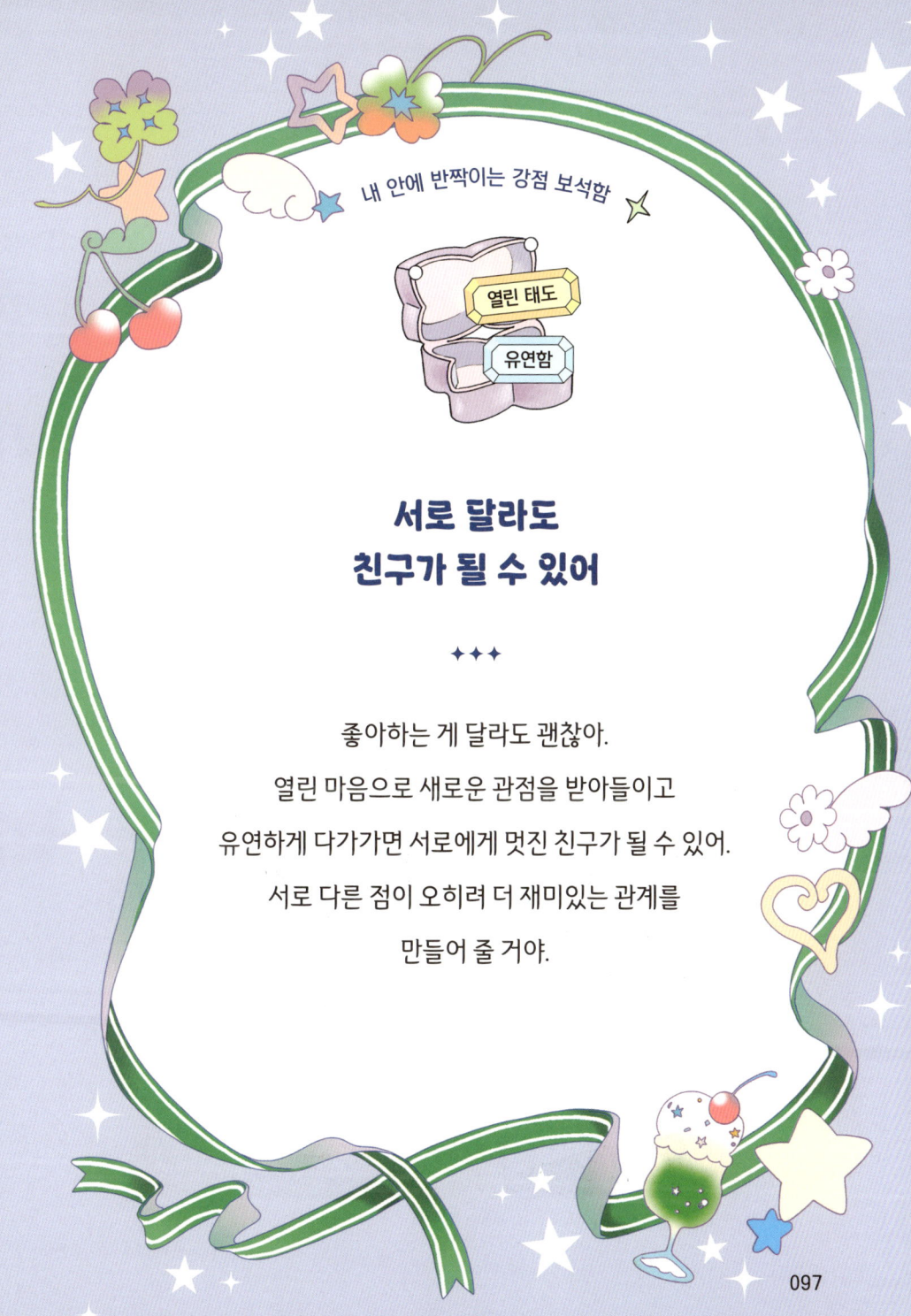

내 안에 반짝이는 강점 보석함

열린 태도
유연함

서로 달라도 친구가 될 수 있어

✦✦✦

좋아하는 게 달라도 괜찮아.
열린 마음으로 새로운 관점을 받아들이고
유연하게 다가가면 서로에게 멋진 친구가 될 수 있어.
서로 다른 점이 오히려 더 재미있는 관계를
만들어 줄 거야.

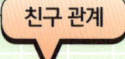 친구 관계

친구와 싸웠는데 먼저 사과하기 어려울 때

 고민이에요

친구랑 사소한 일로 다퉜어요. 서로 잘못한 게 있다는 건 알지만 괜히 자존심이 상해서 먼저 사과하기는 싫어요. '친구가 먼저 사과해 주면 좋을 텐데…….' 하면서 시간만 흘려보내고 있어요.

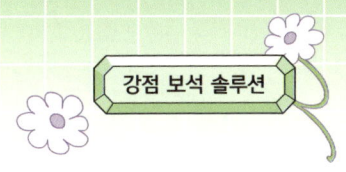

자기 성찰 ✦ 보석 내 마음 돌아보고 진심으로 사과하기

다투고 나면 자존심 때문에 먼저 손을 내밀기 어려울 수 있어. 그럴 때 자기 성찰 보석은 지금 내 마음을 차분히 돌아보게 해 줘. 가만히 생각해 보면 나도 미안했던 순간이 떠오를 거야. 먼저 사과하는 건 내 자존심을 낮추는 게 아니라 관계를 지키기 위해서 용기를 내는 거야.

▶ 사실 나도 화가 나서 말이 심했어. 미안해.

▶ 내가 먼저 사과할게. 우리 다시 잘 지내자.

유머 감각 ✦ 보석 웃음으로 분위기 풀어내기

화해하려 해도 분위기가 너무 심각해지면 서로 어색할 수 있어. 유머 감각 보석은 웃음을 잃지 않고 상황을 가볍게 풀어 가도록 도와줘. 친구가 편안하게 받아들일 수 있도록 지혜롭게 말해 봐.

▶ 미안해. 사실 난 화낼 때도 목소리가 커서 더 무섭게 들렸을 거야. (웃으며) 나도 깜짝 놀랐어.

▶ 내가 미안해. 근데 우리 싸우는 거 보면 진짜 드라마 찍는 것 같지 않아? 이제 화해하는 장면 찍자!

내 안에 반짝이는 강점 보석함

자기 성찰
유머 감각

화해하고 한바탕 웃고 나면
예전보다 더 가까워질 수 있어

✦✦✦

다투고 난 뒤엔 먼저 손을 내미는 건 정말 어려워.
하지만 네가 먼저 사과하면 어색한 공기는 금세 풀릴 거야.
싸웠다고 해서 꼭 관계가 멀어지는 건 아니야.
오히려 화해하고 한바탕 웃고 나면
예전보다 더 가까워질 수 있어.

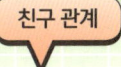 **친구 관계**

용기 내어 사과했는데 받아 주지 않을 때

 친구와 다툰 후 용기를 내어 진심으로 사과했어요. 마음을 꾹 눌러 담아서 미안하다고 했는데 친구는 믿지 못하겠다며 받아 주지 않았어요. 그 순간 가슴이 꽉 막히는 것 같았어요. 어떻게 해야 내 진심이 친구에게 닿을까요?

강점 보석 솔루션

인내 ✦ 보석 쉽게 포기하지 말고 마음 전하기

사과했는데도 친구가 받아 주지 않으면 누구라도 속상하고 주저앉고 싶을 거야. 이럴 때 인내 보석은 쉽게 포기하지 않고 소중한 마음을 다시 전할 수 있게 도와줘. 친구가 아직 준비되지 않았을 수 있으니까. 시간을 조금 두고 천천히 다가가 보자.

▶ 시간이 필요하면 기다릴게. 내 마음은 정말 진심이야.

▶ 네가 괜찮아질 때까지 옆에서 기다리고 싶어. 내 마음은 변하지 않아.

신중함 ✦ 보석 말과 행동 조심스럽게 건네기

친구의 상처가 아직 말끔해지지 않았을 수 있어. 신중함 보석은 말과 행동을 조심스럽게 골라서 행동할 수 있도록 도와줘. 조급하게 다가가기보다 차분하고 세심하게 친구의 마음을 살피자.

▶ 급하게 화해하려 하기보다 네 마음이 편해질 때까지 기다릴게.

▶ 내가 어떻게 하면 네 마음이 덜 아플지 듣고 싶어.

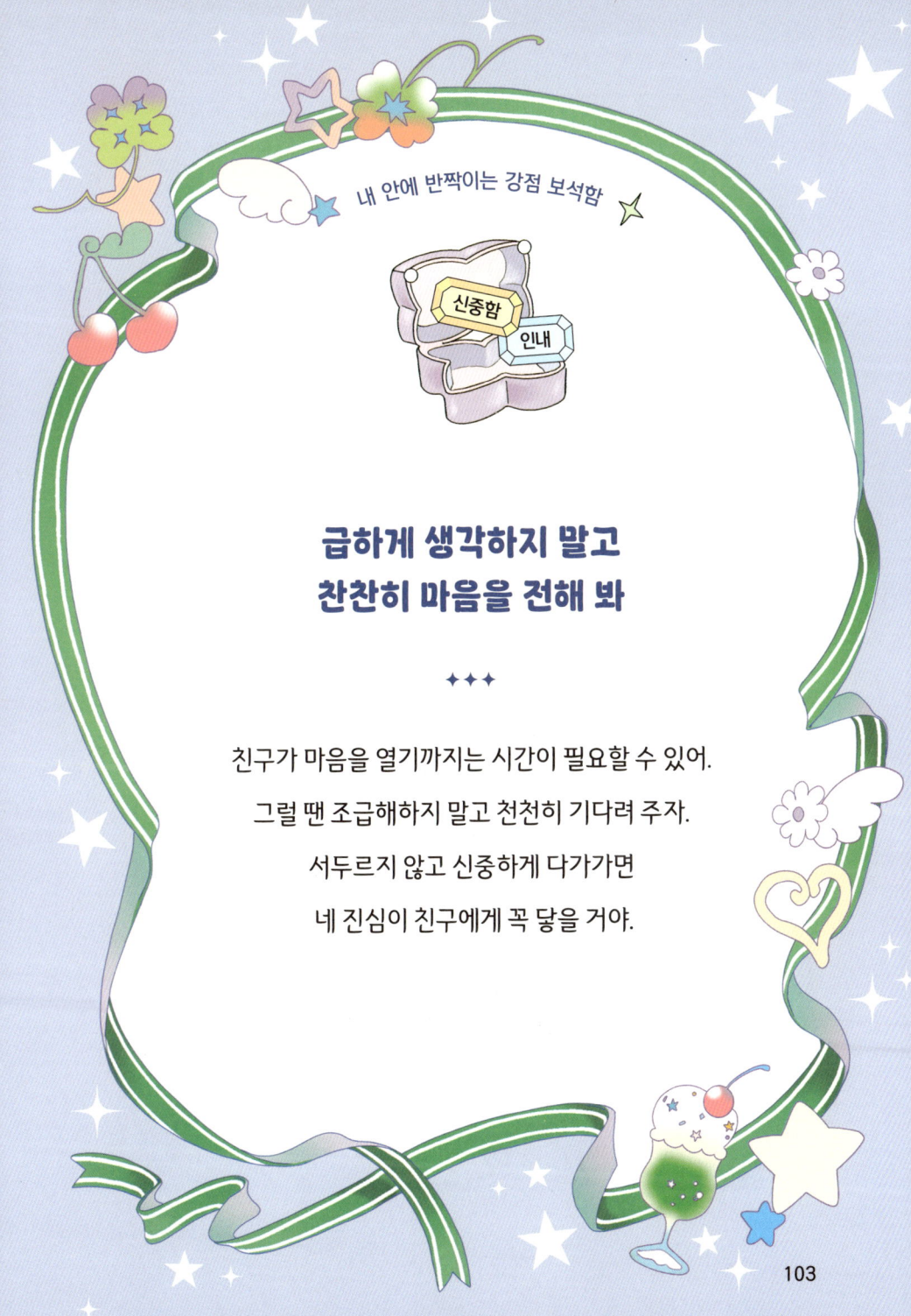

내 안에 반짝이는 강점 보석함

신중함
인내

급하게 생각하지 말고
찬찬히 마음을 전해 봐

✦✦✦

친구가 마음을 열기까지는 시간이 필요할 수 있어.
그럴 땐 조급해하지 말고 천천히 기다려 주자.
서두르지 않고 신중하게 다가가면
네 진심이 친구에게 꼭 닿을 거야.

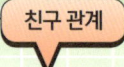 친구 관계

친구의 사과에도 마음이 열리지 않을 때

 고민이에요

친구와 싸웠는데 얼마 후 친구가 먼저 사과했어요. 고맙고 미안한 마음이 들면서도 이상하게 마음이 쉽게 풀리진 않아요. 다시 예전처럼 지내고 싶으면서도 '같은 일이 또 생기면 어쩌지?' 하는 걱정이 맴돌아요.

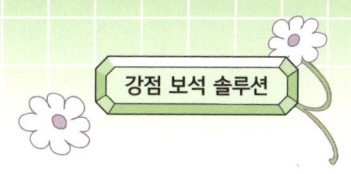

수용 ✦ 보석   아직 준비되지 않은 내 마음 인정하기

친구가 사과했다고 해서 바로 마음이 풀리지 않을 수 있어. 괜찮은 척하거나 억지로 화해하려 하지 말고 내 마음이 아직 준비되지 않았다는 사실을 인정하고 내 속도를 존중해도 돼.

▶ 사과해 줘서 고마워. 나도 화해하고 싶은데 아직 마음이 완전히 풀리지는 않았어.

▶ 마음을 좀 더 정리한 다음에 이야기하고 싶어. 기다려 줄 수 있을까?

용서 ✦ 보석   친구를 이해하고 다시 잘 지내보기

시간이 조금 지나 마음이 차분해졌다면 용서 보석을 꺼내어 친구를 이해해 주자. 용서는 상대를 위한 게 아니라 내 마음을 가볍게 하기 위한 선택이기도 해. 네가 마음을 풀면 친구와의 관계도 다시 새롭게 시작될 수 있어.

▶ 이제는 괜찮아. 나도 마음 풀게.

▶ 우리 다시 잘 지내보자.

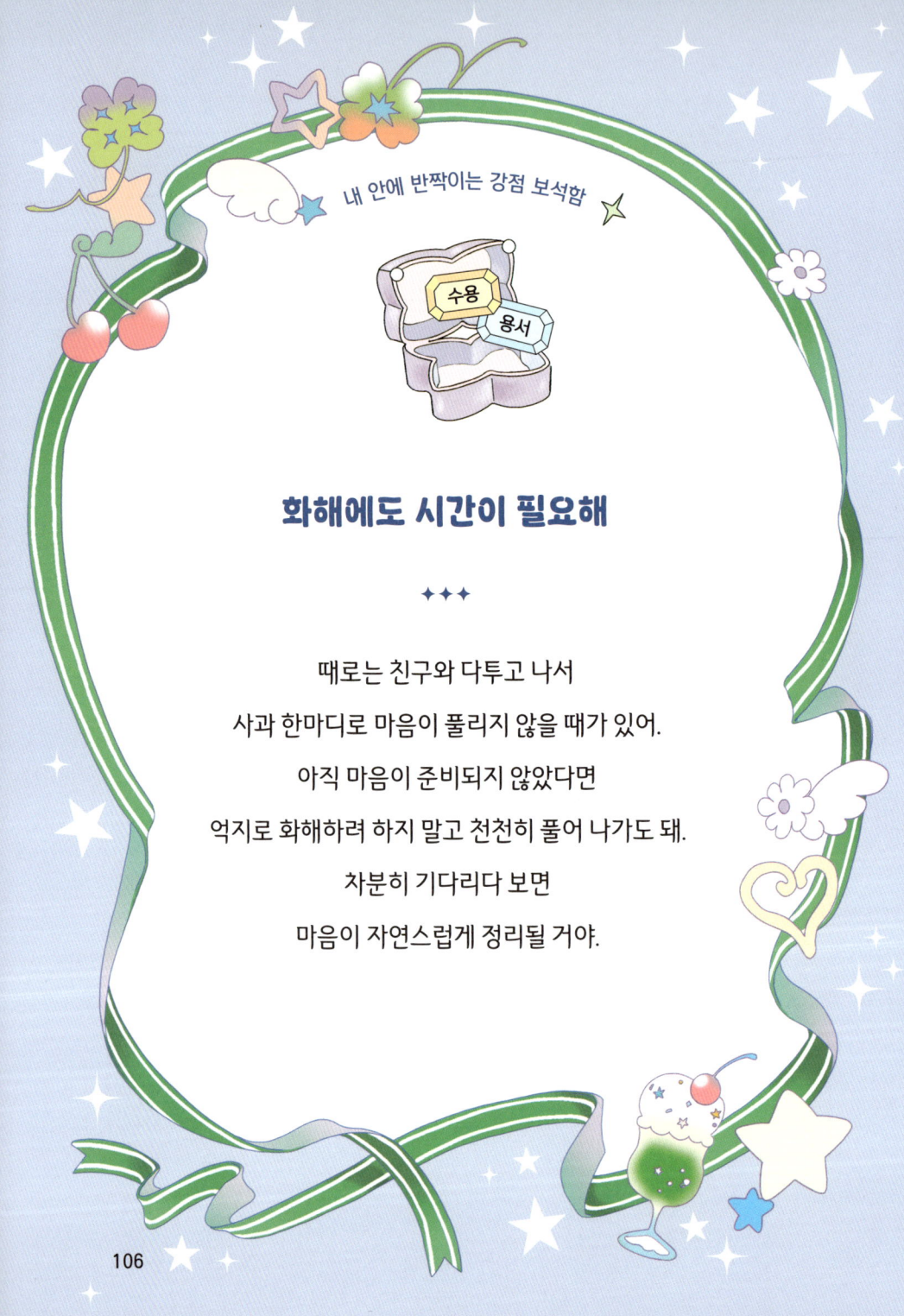

화해에도 시간이 필요해

✦✦✦

때로는 친구와 다투고 나서
사과 한마디로 마음이 풀리지 않을 때가 있어.
아직 마음이 준비되지 않았다면
억지로 화해하려 하지 말고 천천히 풀어 나가도 돼.
차분히 기다리다 보면
마음이 자연스럽게 정리될 거야.

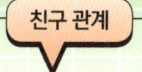 친구 관계

친구를 도와주고 싶을 때

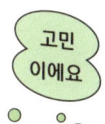 고민이에요

항상 밝고 잘 웃던 민규가 요즘은 쉬는 시간에도 혼자 멍하니 앉아 있어요. 고개만 푹 숙이고 있어서 무슨 일이 있는 건 아닌지 걱정돼요. 친구를 돕고 싶지만 괜히 말을 걸었다가 더 불편하게 만들까 봐 걱정이에요.

힘들어 보이는데 어떻게 다가가야 할지 모르겠어. 그냥 모른 척 지나가는 게 낫나?

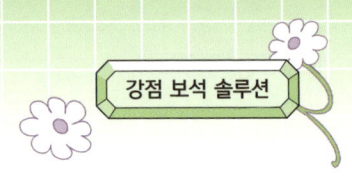

(공감 능력 ✦ 보석) **친구의 마음을 먼저 헤아려 보기**

친구가 예전과 다르게 보일 땐 무슨 말을 해야 할지 고민될 수 있어. 하지만 꼭 복잡한 말을 하지 않아도 괜찮아. 따뜻한 눈빛으로 바라봐 주고 조심스럽게 다가가 보는 것만으로도 친구 마음에 작은 위로가 돼. 진심이 담긴 짧은 한마디가 큰 힘이 될 수 있어.

▶ 요즘 무슨 일 있어? 걱정돼서 물어봐.

▶ 힘든 일이 있다면 나한테 말해도 괜찮아.

(기여 ✦ 보석) **작은 행동으로 친구 돕기**

친구가 마음을 열어 준다면 혼자 힘들지 않도록 조심스럽게 다가가 봐. 함께 방법을 찾는 것도 좋지만 그냥 옆에 있어 주는 것만으로도 충분히 힘이 될 수 있어. 기여 보석은 친구를 돕는 마음을 행동으로 보여 주는 힘이야.

▶ 내가 옆에 있어 줄게. 어떤 방법이든 함께 찾아 보자.

▶ 네 마음이 어떤지 말해 줄래? 같이 고민해 보자.

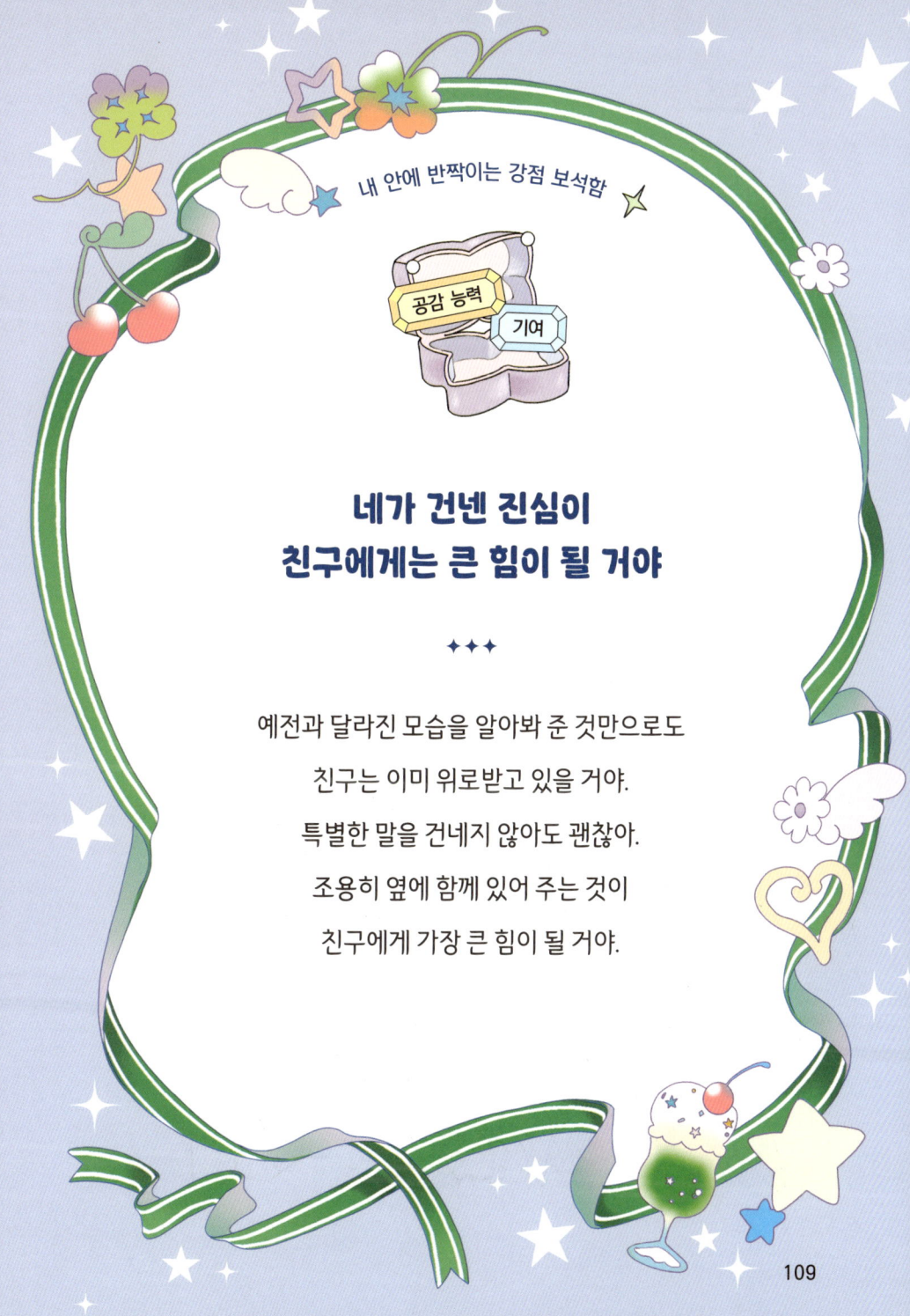

내 안에 반짝이는 강점 보석함

공감 능력   기여

네가 건넨 진심이
친구에게는 큰 힘이 될 거야

✦✦✦

예전과 달라진 모습을 알아봐 준 것만으로도
친구는 이미 위로받고 있을 거야.
특별한 말을 건네지 않아도 괜찮아.
조용히 옆에 함께 있어 주는 것이
친구에게 가장 큰 힘이 될 거야.

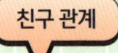 친구 관계

마음과 달리 말실수를 했을 때

 고민이에요

급한 마음에 무심코 던진 한마디가 친구에게 상처를 줬어요. 바로 사과하려 했는데 민망하고 어색해서 그 순간을 놓치고 말았어요. 시간이 지나면 괜찮아질 줄 알았는데 오히려 시간이 지날수록 사과하기가 더 어려워요.

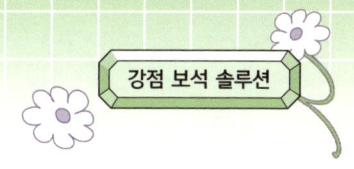

자기 성찰 ✦ 보석 내 말과 행동 돌아보기

말실수는 누구나 할 수 있어. 하지만 그 실수를 그냥 넘기지 않고 돌아보는 태도가 중요해. 자기 성찰 보석은 내가 했던 말이 친구에게 어떤 영향을 줬는지 돌아보고 그 마음을 진심으로 이해하도록 도와줘. 친구에게 진심으로 미안하다고 말하고 그 말이 어떤 뜻이었는지 차분하게 설명해 봐.

▶ 아까 내가 한 말이 상처를 줬다면 정말 미안해.

▶ 그런 뜻은 아니었는데 그 말이 상처가 될 수 있다는 걸 이제야 알았어. 미안해.

신중함 ✦ 보석 말과 행동을 더욱 조심스럽게 하기

같은 실수를 반복하지 않으려면 다음엔 어떻게 할지 미리 생각하는 자세가 필요해. 신중함 보석은 말하기 전에 한 번 더 생각하게 도와줘. 이번 일을 계기로 앞으로 더 신중하게 행동하겠다는 다짐도 함께 전해 보자.

▶ 그때는 너무 급해서 말이 먼저 나왔어. 다음부터는 꼭 생각하고 말할게.

▶ 내가 너무 가볍게 말한 것 같아. 다음엔 조심할게.

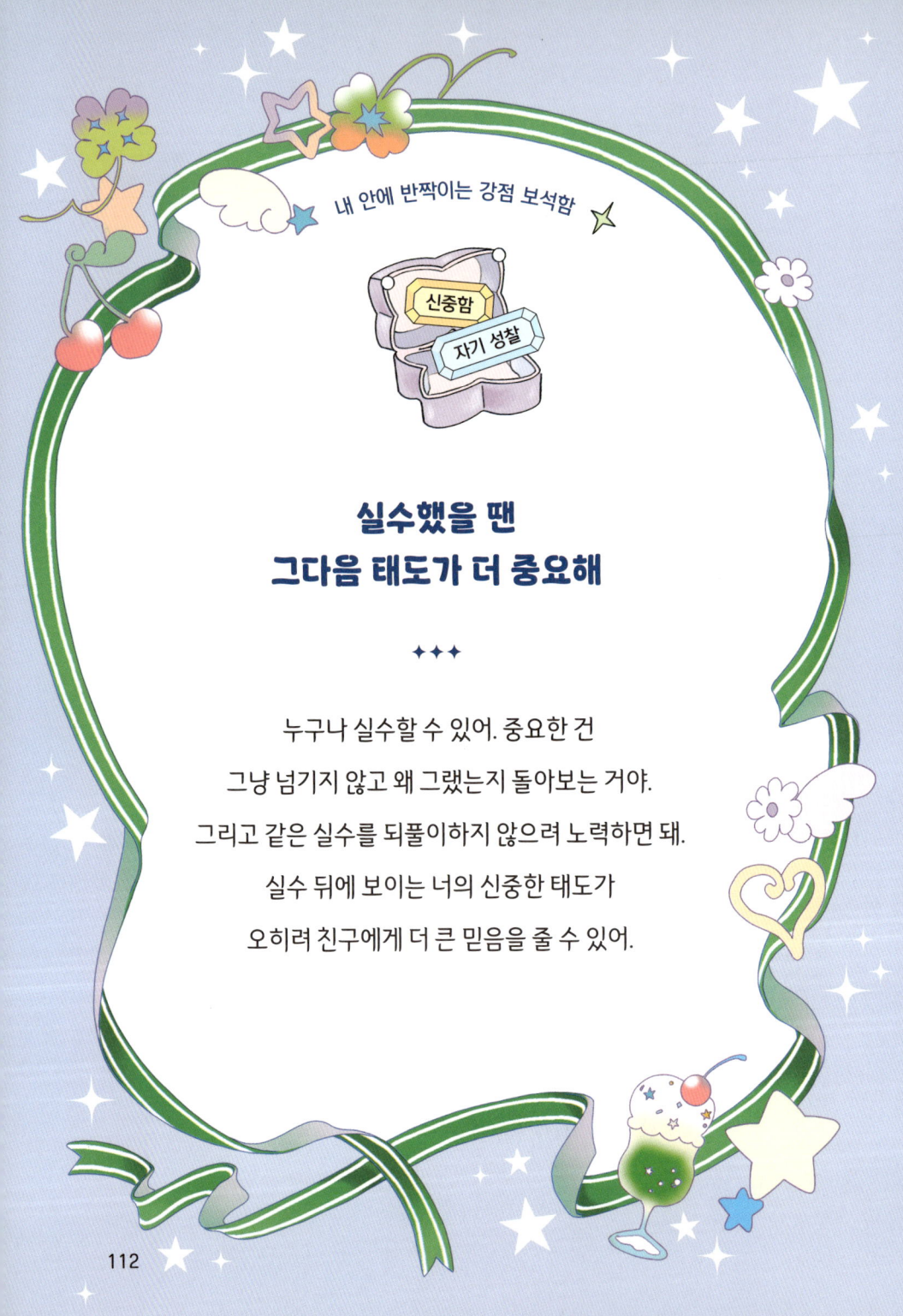

내 안에 반짝이는 강점 보석함

신중함
자기 성찰

실수했을 땐
그다음 태도가 더 중요해

✦✦✦

누구나 실수할 수 있어. 중요한 건
그냥 넘기지 않고 왜 그랬는지 돌아보는 거야.
그리고 같은 실수를 되풀이하지 않으려 노력하면 돼.
실수 뒤에 보이는 너의 신중한 태도가
오히려 친구에게 더 큰 믿음을 줄 수 있어.

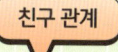 친구 관계

친하다고 생각한 친구가 멀어져서 서운할 때

 고민이에요

민경이랑 친하게 지냈는데 요즘은 은근슬쩍 나를 피해요. 다른 친구들과만 어울리고 나를 멀리하는 것 같아서 속상해요. 이러다 혼자 외톨이가 될까 봐 걱정돼요.

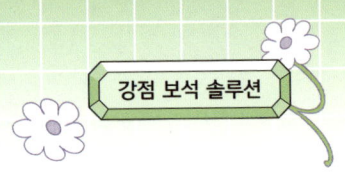

(진정성 ✦ 보석) **먼저 속마음 털어놓기**

친했던 친구가 멀어진 것 같을 땐 혼자 끙끙 앓기보다 내 감정을 솔직하게 전해 보는 게 좋아. 진정성 보석을 꺼내서 네가 느낀 서운함을 감추지 말고 부드럽게 표현해 봐. 진심이 담긴 말 한마디가 친구 마음을 다시 열어 줄 수 있어.

▶ 요즘 네가 나랑 멀어진 것 같아서 속상해. 무슨 일 있어?

▶ 예전처럼 너랑 편하게 지내고 싶어.

(회복탄력성 ✦ 보석) **마음이 흔들릴 때 나를 먼저 돌보기**

친구가 멀어지면 괜히 내 탓처럼 느껴질 수 있어. 하지만 그럴수록 내 마음부터 잘 챙기는 게 중요해. 회복탄력성 보석은 힘든 일이 있어도 다시 마음의 균형을 찾게 도와주는 힘이야. 혹시 친구가 내 말을 잘 들어 주지 않더라도 너무 실망하지 말고 내 마음부터 다독여 주자.

▶ 속상할 땐 내 마음부터 잘 돌보는 게 제일 중요해.

▶ 지금은 조금 멀어졌더라도 다시 좋아질 수도 있어.

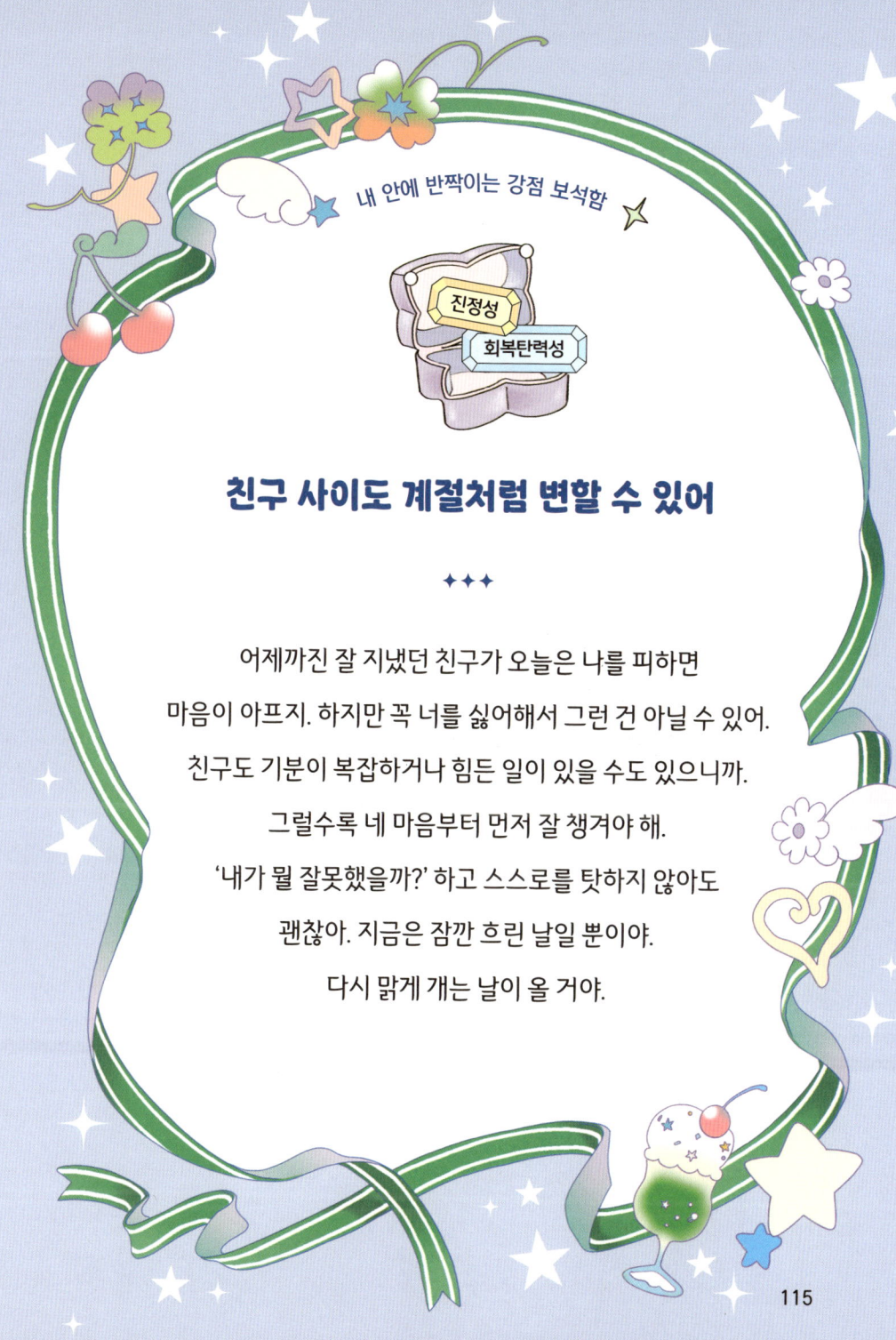

내 안에 반짝이는 강점 보석함

진정성
회복탄력성

친구 사이도 계절처럼 변할 수 있어

✦✦✦

어제까진 잘 지냈던 친구가 오늘은 나를 피하면
마음이 아프지. 하지만 꼭 너를 싫어해서 그런 건 아닐 수 있어.
친구도 기분이 복잡하거나 힘든 일이 있을 수도 있으니까.
그럴수록 네 마음부터 먼저 잘 챙겨야 해.
'내가 뭘 잘못했을까?' 하고 스스로를 탓하지 않아도
괜찮아. 지금은 잠깐 흐린 날일 뿐이야.
다시 맑게 개는 날이 올 거야.

어른과 대화할 땐 어떻게 해야 할까?

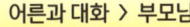 어른과 대화 > 부모님

학원이 너무 많아서 줄여 달라고 말하고 싶을 때

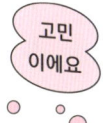 고민이에요

매일 늦게까지 학원을 몇 군데나 다녀요. 친구들과 놀 시간도 없고 늦게 자서 아침에 일어나기가 힘들어요. 하지만 부모님은 다들 그렇게 공부한다고 지금 안 하면 나중에 후회한다고 말씀하세요.

설득력 ✦ 보석 진심이 잘 전해지도록 말하기

그냥 싫다고 말하기보다 지금 어떤 점이 힘든지 구체적으로 이야기하는 게 좋아. 설득력 보석은 내 말에 논리가 담기게 도와줘. 부모님은 너를 사랑하기 때문에 너에게 좋은 것을 해 주려고 학원을 보내는 거야. 네가 왜 힘든지 어떻게 도와주셨으면 하는지 차분히 설명하면 부모님도 귀 기울여 주실 거야.

▶ 학원 숙제가 너무 많아서 밤늦게까지 하느라 정작 수업 시간에 자꾸 졸아요.

▶ 요즘 너무 피곤해서 집중이 안 돼요. 잠깐 이야기할 수 있을까요?

계획성 ✦ 보석 실행할 수 있는 방법 미리 생각하기

부모님에게 네 마음을 말하면서 어떻게 해 보고 싶은지 대안을 같이 전하면 훨씬 설득력이 있어. 기간을 정해 놓고 실제로 네가 말한 방법이 효과가 있는지 확인해 보는 것도 좋아.

▶ ○○학원을 잠깐 쉬고 스스로 계획 세워서 공부하는 습관을 먼저 길러 보고 싶어요.

▶ 일단 시험 기간까지 제가 세운 공부 계획대로 해 보고 성적이 떨어지면 다시 학원 다닐게요.

내 안에 반짝이는 강점 보석함

설득력
계획성

차분하게 말하고
행동으로 보여 드리자

✦✦✦

지금 얼마나 힘든지 또 어떻게 해 보고 싶은지를
찬찬히 말씀드려 보자. 처음엔 부모님이 깜짝 놀랄 수도 있지만
차분히 설명하는 너의 태도에 조금씩 마음을 여실 거야.
네가 진심을 담아 말하고 실천할 방법까지
스스로 준비했다면 부모님도 분명히
너를 믿어 주실 거야.

어른과 대화 > 부모님

부모님 말씀이 잔소리처럼 느껴져서 듣기 싫을 때

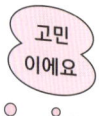
고민이에요

부모님께서 방 정리부터 공부 시간, 스마트폰 사용까지 하루에도 몇 번씩 같은 이야기를 하세요. 자꾸 듣다 보니 잔소리처럼 느껴져서 듣기 싫어요. 마음이 답답하고 스트레스가 쌓여요.

(존중 ✦ 보석) **내 마음도 부모님 마음도 소중히 여기기**

잔소리가 듣기 싫다고 퉁명스럽게 말하면 오히려 대화가 더 어려워져. 존중 보석은 내 마음을 지키면서도 부모님의 입장도 함께 생각하는 힘이야. 네 마음을 담아서 차분하고 부드럽게 존중하는 태도로 말하면 부모님도 마음을 열고 귀 기울여 주실 거야.

▶ 부모님 말씀도 이해해요. 그런데 저도 조금 힘들 때가 있어요.

▶ 저도 노력하고 있어요. 그런데 매일 지적을 들으니까 자꾸 자신감이 떨어져요.

(문제해결력 ✦ 보석) **함께 바꿔 나갈 방법 생각해 보기**

네 마음을 전한 다음에는 앞으로 어떻게 할지 구체적인 방법을 이야기 나눠 보자. 문제해결력 보석은 지금 상황을 더 나은 방향으로 바꾸도록 도와줘. 네가 계획을 세우고 직접 실천하려는 모습을 보인다면 부모님도 더욱 너를 믿고 응원해 주실 거야.

▶ 한꺼번에는 어렵고 하나씩 순서대로 고쳐 보면 좋을 것 같아요. 먼저 공부 시간부터 시작해 볼게요.

▶ 먼저 제가 세운 계획대로 한 달 동안 해 볼게요. 잘되면 이 방법을 믿어 주세요.

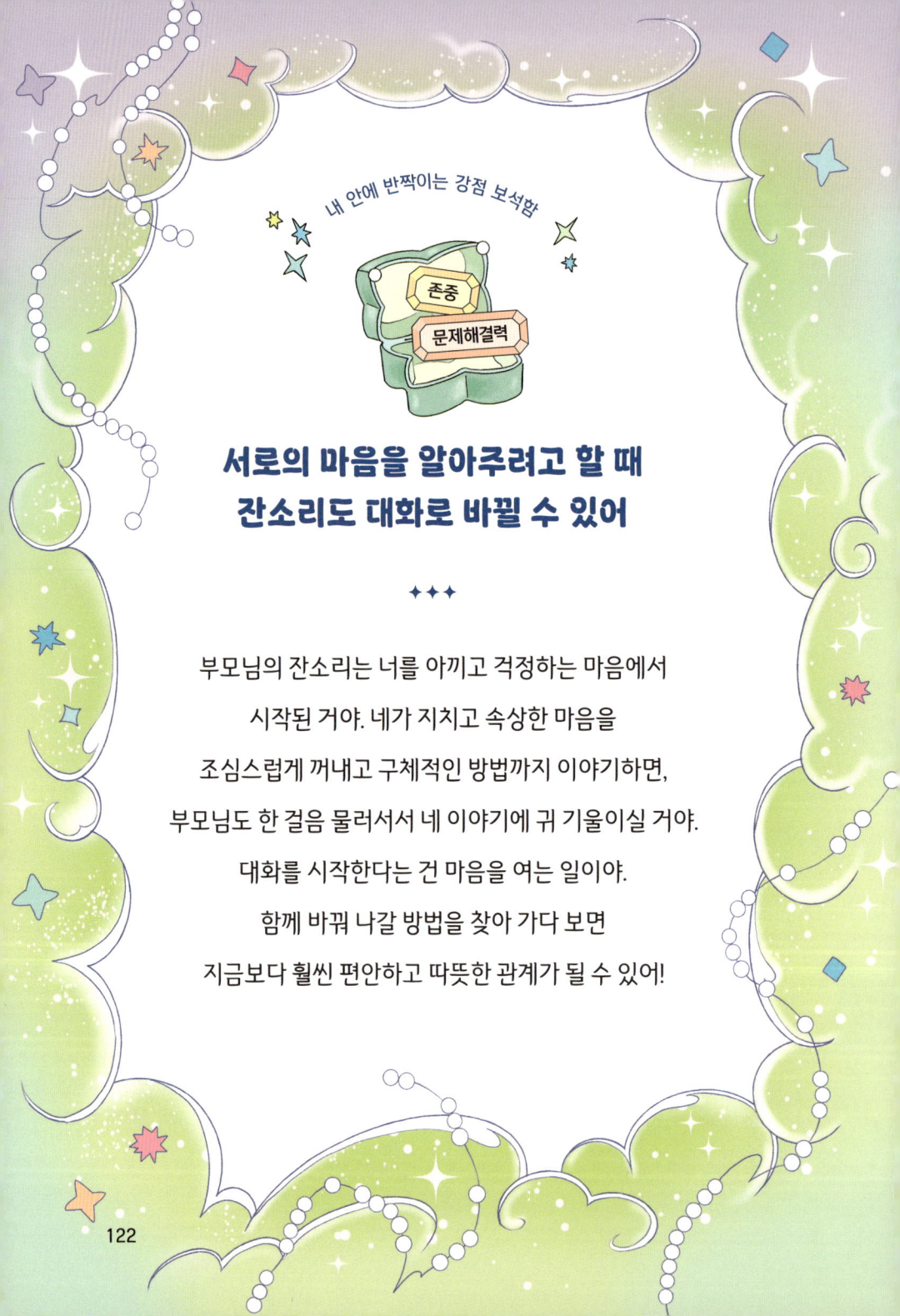

내 안에 반짝이는 강점 보석함

존중
문제해결력

서로의 마음을 알아주려고 할 때 잔소리도 대화로 바뀔 수 있어

✦✦✦

부모님의 잔소리는 너를 아끼고 걱정하는 마음에서
시작된 거야. 네가 지치고 속상한 마음을
조심스럽게 꺼내고 구체적인 방법까지 이야기하면,
부모님도 한 걸음 물러서서 네 이야기에 귀 기울이실 거야.
대화를 시작한다는 건 마음을 여는 일이야.
함께 바꿔 나갈 방법을 찾아 가다 보면
지금보다 훨씬 편안하고 따뜻한 관계가 될 수 있어!

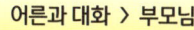

부모님께 죄송하다고 말하고 싶을 때

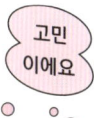

부모님께 잘못을 해서 마음이 무거워요. 시간이 지날수록 죄송한 마음은 더 커지는데, 막상 잘못했다고 말씀드리려고 하면 목이 메고 눈물이 날 것 같아서 쉽게 말이 나오지 않아요.

강점 보석 솔루션

용기 ✦ 보석 떨려도 진심 꺼내기

죄송한 마음이 있어도 그 말을 꺼내는 건 참 어려워. 괜히 눈물이 나올 것 같고 부모님이 실망하실까 봐 걱정될 수도 있어. 그래도 용기 내서 네 마음속에 있는 말을 꺼내 봐. 완벽하게 말하지 않아도 괜찮아. 떨리는 목소리라도 진심이 담겨 있다면 그 마음은 꼭 전해질 거야.

▶ 조금 늦었지만 꼭 마음을 전하고 싶었어요. 진심으로 죄송해요.

▶ 엄마, 아빠, 제가 정말 잘못했어요.

책임감 ✦ 보석 바꾸겠다고 마음먹고 약속하기

죄송하다는 말만큼 중요한 건 이제부터 달라지겠다는 약속이야. 책임감 보석을 꺼내서 같은 실수를 반복하지 않도록 스스로 약속해 보자. 앞으로의 결심을 말씀드리고 변화된 행동을 보여 드리면 부모님도 네 마음을 알아주실 거야.

▶ 이번 일을 계기로 제 행동을 돌아봤어요. 이제는 다르게 행동하겠다고 결심했어요.

▶ 부모님께서 저를 다시 믿어 주실 수 있도록, 하루하루 바뀐 모습을 보여 드릴게요.

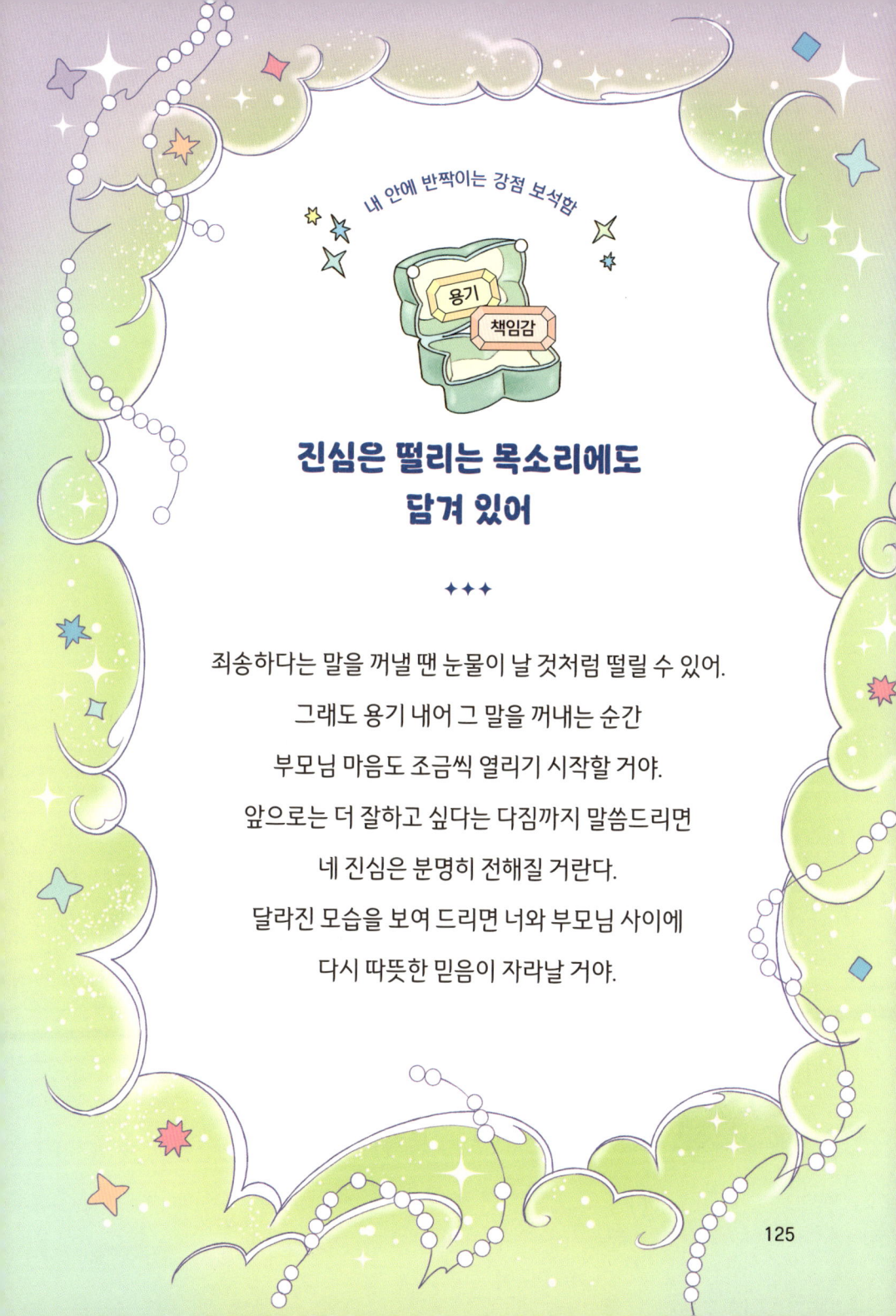

진심은 떨리는 목소리에도
담겨 있어

✦✦✦

죄송하다는 말을 꺼낼 땐 눈물이 날 것처럼 떨릴 수 있어.

그래도 용기 내어 그 말을 꺼내는 순간

부모님 마음도 조금씩 열리기 시작할 거야.

앞으로는 더 잘하고 싶다는 다짐까지 말씀드리면

네 진심은 분명히 전해질 거란다.

달라진 모습을 보여 드리면 너와 부모님 사이에

다시 따뜻한 믿음이 자라날 거야.

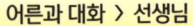 어른과 대화 > 선생님

선생님께 마음을 표현하고 싶을 때

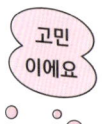 고민이에요

평소에 나를 많이 도와주시는 담임 선생님께 인사를 드리고 싶어요. 그런데 어떻게 표현해야 내 진심이 잘 전해질지 고민이에요. 평소엔 수줍어서 잘 표현하지 못했는데 이번만큼은 용기 내서 마음을 전하고 싶어요.

강점 보석 솔루션

감사 ✦ 보석 특별했던 순간 구체적으로 말씀드리기

선생님께 도움을 받았다면 당연하게 여기지 말고 감사를 표현해 보자. 이때 네 마음에 남은 특별한 순간을 구체적으로 말씀드리면 선생님께 감사한 마음이 더 따뜻하게 전해져.

> ▶ 선생님, 지난번에 친구 문제로 힘들 때 제 얘기를 잘 들어 주셔서 감사했어요.
>
> ▶ 학예회 준비할 때 자신감이 없었는데, 선생님이 저를 믿어 주셔서 힘을 낼 수 있었어요.

진정성 ✦ 보석 꾸미지 않고 진심을 담아 전하기

감사의 마음은 멋진 말보다 솔직한 마음에서 나와. 진정성 보석은 꾸며 내지 않고 네가 진짜로 느낀 마음을 있는 그대로 표현하게 도와줘. 짧은 한마디라도 진심이 담기면 선생님은 네 마음을 충분히 전해 받으실 거야.

> ▶ 선생님, 제가 표현은 잘 못하지만 정말 감사한 마음이에요.
>
> ▶ 선생님 덕분에 힘든 시간을 버틸 수 있었어요.

내 안에 반짝이는 강점 보석함

감사
진정성

감사한 마음은
표현할 때 더 빛나

✦✦✦

선생님께 도움을 받았을 때 감사를 마음속으로만
간직하지 말고 꼭 꺼내서 전해 드려 보자.
"고맙습니다."라는 인사는 구체적인 기억과 함께 전할 때
훨씬 생생하게 닿을 수 있어.
네 진심이 분명 선생님께도
따뜻한 여운으로 오래오래 남을 거야.

어른과 대화 > 선생님

짝을 바꿔 달라고 말하고 싶을 때

 짝이 수업 시간에 자꾸 말을 걸거나 내 물건을 허락 없이 쓰고, 가끔은 듣기 불편한 농담도 해요. 하지 말아 달라고 부탁했는데도 계속해요. 선생님께 자리를 바꿔 달라고 말하면 내가 예민하거나 이기적으로 보일까요?

(신중함 ✦ 보석) **차분하게 말 꺼내기**

갑자기 "저 짝 바꿔 주세요!"라고 말하면 선생님이 당황하실 수 있어. 신중함 보석은 내 감정을 급하게 쏟아 내기보다 차분하게 정리해서 말할 수 있게 도와줘. 예의를 갖춰서 조심스럽게 이야기하면 선생님도 네 마음을 더 잘 이해해 주실 거야.

▶ 저 요즘 수업에 집중이 잘 안 돼서 힘들어요. 잠깐 제 상황을 말씀드려도 될까요?

▶ 계속 참고 있었는데 마음이 불편해요. 어떻게 하면 좋을지 선생님과 이야기하고 싶어요.

(표현력 ✦ 보석) **구체적으로 상황 전하기**

선생님께 부탁을 드릴 땐 어떤 점이 힘든지 구체적으로 전하는 게 좋아. 표현력 보석은 내 마음을 똑똑하게 말로 풀어낼 수 있도록 도와줘. 짝이 싫어서가 아니라 어떤 점이 어려운지를 정확히 설명하면 선생님도 더 쉽게 이해하실 거야.

▶ 짝이 수업 시간마다 말을 걸어서 집중하려고 해도 힘들어요.

▶ 제 물건을 자꾸 허락 없이 써서 불편한데 싫다고 말하면 사이가 나빠질까 봐 걱정돼요.

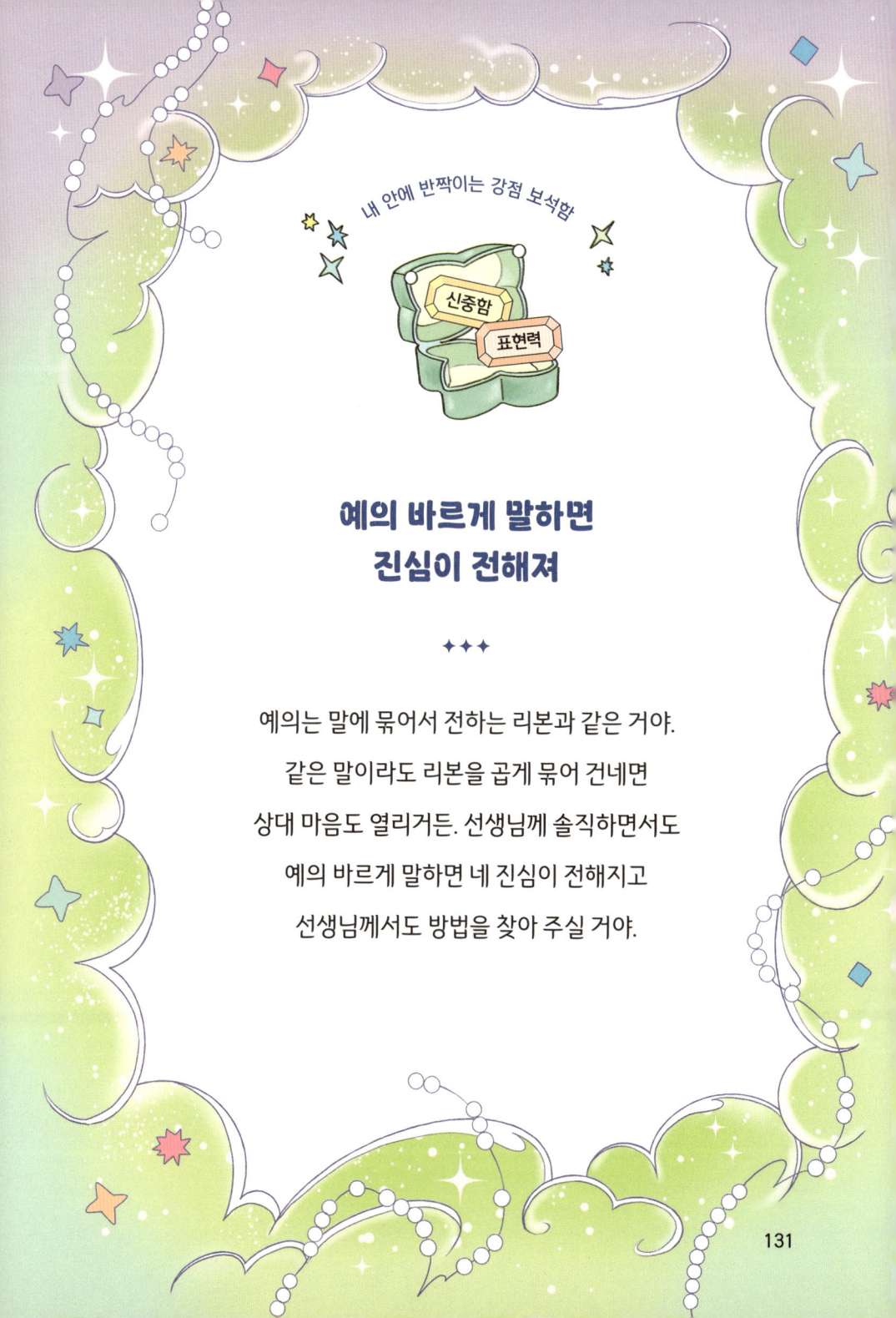

예의 바르게 말하면
진심이 전해져

✦✦✦

예의는 말에 묶어서 전하는 리본과 같은 거야.
같은 말이라도 리본을 곱게 묶어 건네면
상대 마음도 열리거든. 선생님께 솔직하면서도
예의 바르게 말하면 네 진심이 전해지고
선생님께서도 방법을 찾아 주실 거야.

소셜 미디어로 고민될 땐 어떻게 해야 할까?

소셜 미디어 > 스마트폰 사용

친구랑 만났는데 자꾸 스마트폰만 볼 때

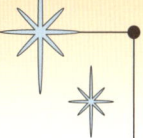

 고민이에요

오랜만에 만난 친구가 내가 말을 걸어도 계속 스마트폰만 보며 건성으로 대답해서 서운해요. 친구가 나랑 노는 시간이 아깝다고 생각하는 것 같고 나를 무시하는 것 같아서 기분도 나빠요.

유머 감각 ✦ 보석   유쾌하게 마음을 표현하며 분위기 바꾸기

친구가 스마트폰만 보고 있을 때 바로 서운한 감정을 표현하기보다 유머를 살짝 섞어 가볍게 분위기를 바꿔 보는 것도 좋은 방법이야. 유머 감각 보석은 유쾌하면서도 따뜻하게 내 마음을 전하는 힘이야. 친구가 부담 없이 웃고 스마트폰을 내려놓을 수 있게 도와줄 거야.

- ▶ 자꾸 폰 보면 나 질투 난다? 나 좀 봐 줘.
- ▶ 나랑 만났는데 폰이랑 더 친하게 지내는 건 반칙이지.

친밀함 ✦ 보석   함께하는 순간의 소중함 전하기

분위기가 조금 풀렸다면 이번엔 네 진심을 따뜻하게 전해 봐. 친밀함 보석은 함께하는 순간이 특별하다는 마음을 전하도록 도와줘. 이렇게 말하면 친구도 네 마음을 더 잘 이해할 거야.

- ▶ 너랑 오랜만에 만나는 이 시간이 나한텐 진짜 소중해.
  그래서 더 이야기하고 싶어.
- ▶ 나는 너랑 눈을 보면서 이야기할 때가 좋아.

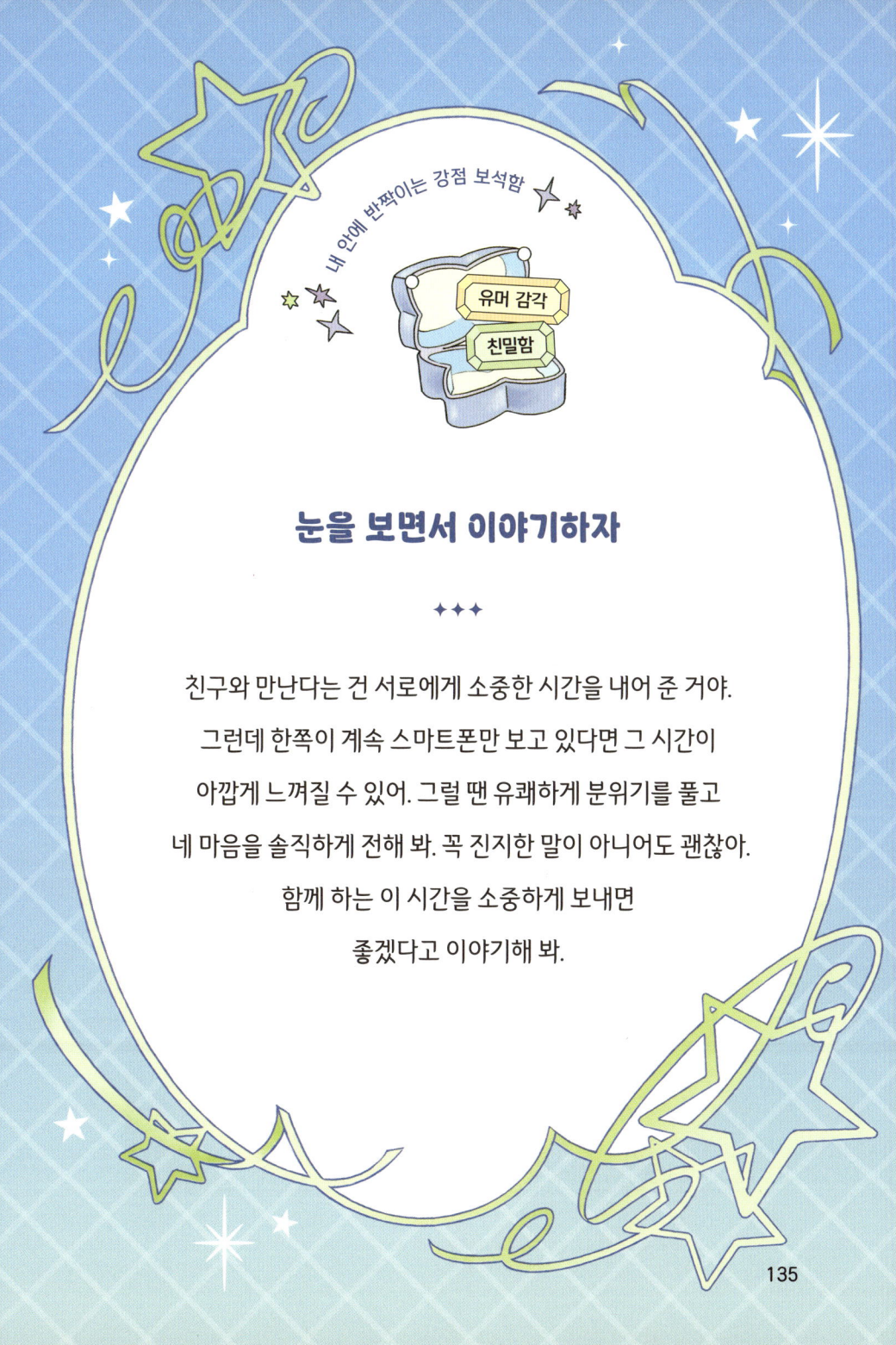

눈을 보면서 이야기하자

✦✦✦

친구와 만난다는 건 서로에게 소중한 시간을 내어 준 거야.
그런데 한쪽이 계속 스마트폰만 보고 있다면 그 시간이
아깝게 느껴질 수 있어. 그럴 땐 유쾌하게 분위기를 풀고
네 마음을 솔직하게 전해 봐. 꼭 진지한 말이 아니어도 괜찮아.
함께 하는 이 시간을 소중하게 보내면
좋겠다고 이야기해 봐.

소셜 미디어 > 스마트폰 사용

내 스마트폰을 친구가 몰래 보았을 때

고민이에요

친구가 내 허락 없이 내 스마트폰을 몰래 봤어요. 혹시 제가 보여 주고 싶지 않은 사진이나 대화까지 봤을까 봐 마음이 불편하고 내 소중한 공간을 들킨 것 같아서 기분이 나빠요.

(경계 설정 ✦ 보석) **내 마음 분명하게 말하기**

내 스마트폰은 나만의 공간이야. 아무리 친한 친구라도 허락 없이 보는 건 기분 나쁠 수 있어. 경계 설정 보석은 내가 불편한 상황에서 선을 넘지 말아 달라고 말하는 힘이야. 그냥 넘기지 말고 조용하지만 분명하게 말해 보자. 그 말 한마디가 너를 지켜 주는 선이 돼.

- ▶ 내 폰을 몰래 보는 건 솔직히 불편해. 그 안에는 나만 보고 싶은 것도 있어.
- ▶ 아무리 친해도 지켜야 할 선이 있다고 생각해.

(존중 ✦ 보석) **서로의 사적인 공간 지켜 주기**

친구에게 내 마음을 전했다면 이제는 서로의 공간을 존중하는 약속을 하는 게 좋아. 존중 보석은 내가 소중히 여기는 것을 그대로 지켜 주는 힘이야. 친구에게 앞으로는 서로의 경계를 존중하며 지내자고 말해 보자.

- ▶ 내 폰은 나만의 공간이라 지켜 줬으면 해.
- ▶ 앞으로는 서로 허락 없이 보지 말자. 그게 서로를 존중하는 거라고 생각해.

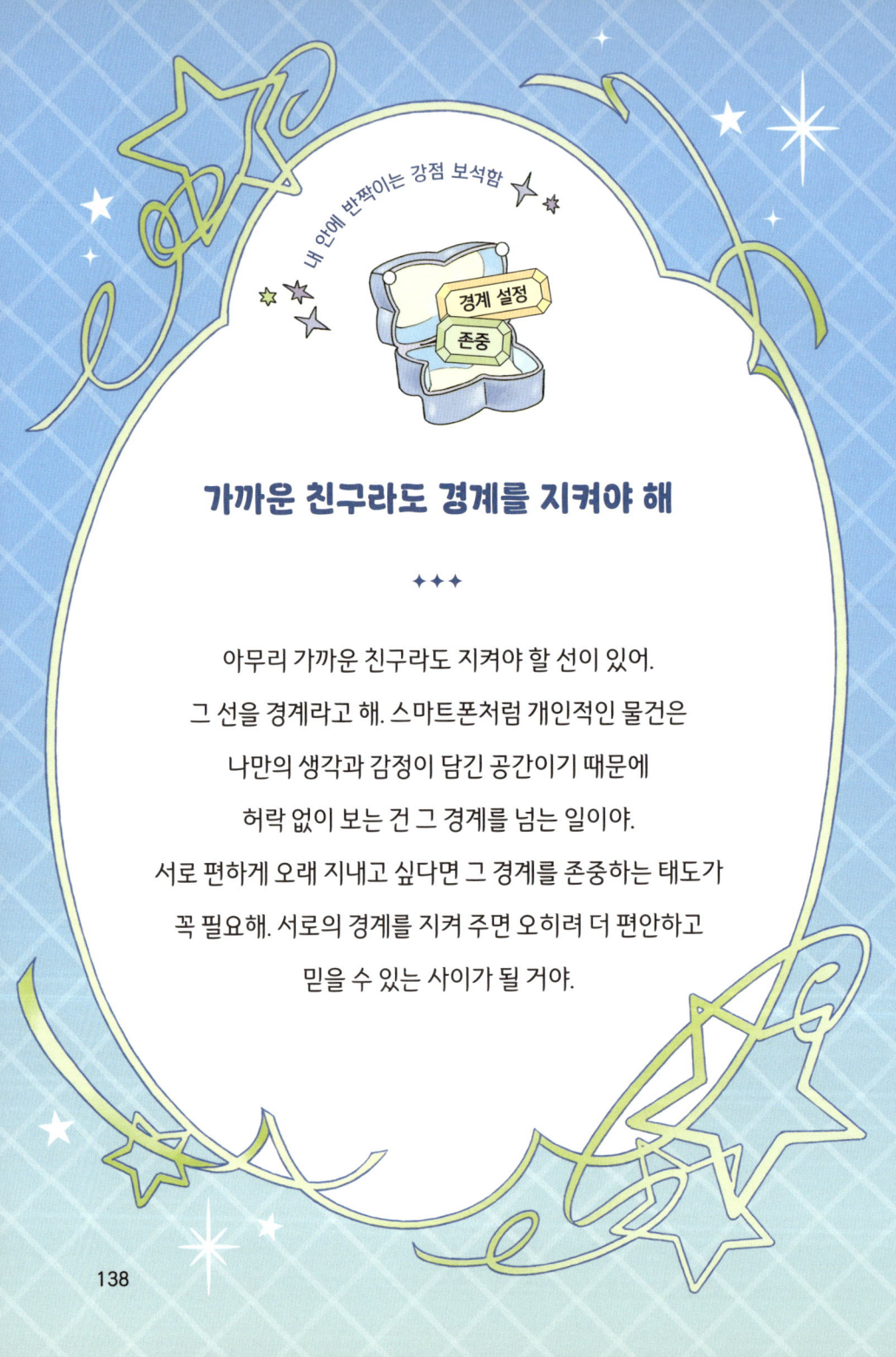

가까운 친구라도 경계를 지켜야 해

✦✦✦

아무리 가까운 친구라도 지켜야 할 선이 있어.
그 선을 경계라고 해. 스마트폰처럼 개인적인 물건은
나만의 생각과 감정이 담긴 공간이기 때문에
허락 없이 보는 건 그 경계를 넘는 일이야.
서로 편하게 오래 지내고 싶다면 그 경계를 존중하는 태도가
꼭 필요해. 서로의 경계를 지켜 주면 오히려 더 편안하고
믿을 수 있는 사이가 될 거야.

소셜 미디어 > 채팅방

채팅방에서 내 험담을 할 때

고민이에요

친구들 단체 채팅방에서 내가 없는 사이에 내 험담이 오갔다는 걸 알게 되었어요. 평소에 친하다고 생각했던 친구들까지 그 말에 맞장구를 쳤다는 걸 알고 너무 속상했고 배신감도 들었어요.

친구들이 나를 싫어하는 걸까? 이대로 참는 게 맞는 걸까?

단호함 ✦ 보석 차분하지만 분명하게 말하기

친구가 나를 험담한 걸 알았을 때 너무 힘들다면 꾹 참기보다 네 마음을 분명하게 전해 봐도 괜찮아. 단호함 보석은 누군가 나를 가볍게 대할 때 내 마음을 지키는 울타리가 되어 줘. 화를 내거나 따지기보다 조용하지만 분명하게 이 상황이 나에게 상처가 된다고 말해 보자.

▶ 그때 그런 이야기를 들으니까 내가 친구가 아닌 것처럼 느껴져서 많이 힘들었어.

▶ 혹시 나한테 하고 싶은 말이 있다면 직접 말해 줬으면 좋겠어.

자기 존중 ✦ 보석 상처받아도 나를 깎아내리지 않기

친구들의 말이 너를 전부 설명할 순 없어. 자기 존중 보석은 상처받은 순간에도 나를 소중히 여기는 마음을 잃지 않게 도와 줘. 너는 소중한 사람이야. 다른 사람의 말이 너의 가치를 함부로 깎아내릴 수 없어.

▶ 나는 그 말들에 흔들리지 않고 내 생각을 지키고 싶어.

▶ 나는 존중받을 사람이라고 생각해.

내 안에 반짝이는 강점 보석함

단호함
자기 존중

친구에게 할 말이 있다면
눈을 보고 이야기해야 해

✦✦✦

네가 없는 곳에서 네 이야기가 오갔다는 걸 알게 되면
마음이 많이 아플 거야. 하지만 그냥 참고 넘어가면
그 상처가 오래 남을 수 있어. 그럴 때는 네가 얼마나 속상했는지
조용하지만 분명하게 말해도 괜찮아. 그리고 꼭 기억해.
다른 사람의 말이 너의 가치를 결정짓지 않아.
너는 존중받아야 할 사람이고
스스로를 지킬 힘이 있어.

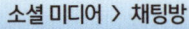 소셜 미디어 > 채팅방

메시지를 읽었는데 한참 답이 없을 때

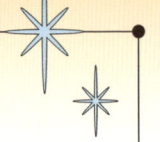

 고민이에요

친구에게 중요한 메시지를 보냈는데 친구가 읽고도 한참 동안 답이 없어요. 혹시 내가 뭔가 잘못 보낸 건 아닐까, 친구가 내 말을 불편하게 느낀 건 아닐까, 여러 생각이 머릿속을 맴돌면서 불안해졌어요.

다시 연락하면 친구가 부담스러워하지 않을까? 이대로 마냥 기다려야 하는 건지 모르겠어.

침착함 ✦ 보석 조급해하지 않고 기다리기

메시지를 보냈는데 답이 없으면 불안해질 수 있어. 하지만 침착함 보석은 조급한 마음을 잠시 내려놓고 차분히 기다릴 수 있게 도와줘. 친구가 답하지 못하는 데에는 여러 이유가 있을 수 있으니까 성급하게 단정 짓지 말고 시간을 두고 기다려 보자.

> ▶ 답장이 늦어도 괜찮아. 네가 여유 있을 때 알려 줘.
> ▶ 나는 기다릴 수 있어. 네가 준비되면 얘기해 줘.

소통 ✦ 보석 내 마음 부드럽게 전하며 대화 이어 가기

오랫동안 답이 없으면 누구라도 서운해질 수 있어. 그 감정을 억지로 감추기보다는 부드럽게 표현해 보는 것도 괜찮아. 소통 보석은 내 마음을 전하면서도 친구와 대화를 자연스럽게 이어 가는 힘이야. 친구를 배려하는 마음을 함께 담아서 부드럽게 말을 건네 보자.

> ▶ 바쁜 거 알지만 네 생각이 궁금해서 계속 기다리게 되더라.
> ▶ 별일 아닐 수도 있는데 나한텐 중요한 이야기였어. 짧게라도 알려 주면 고마울 것 같아.

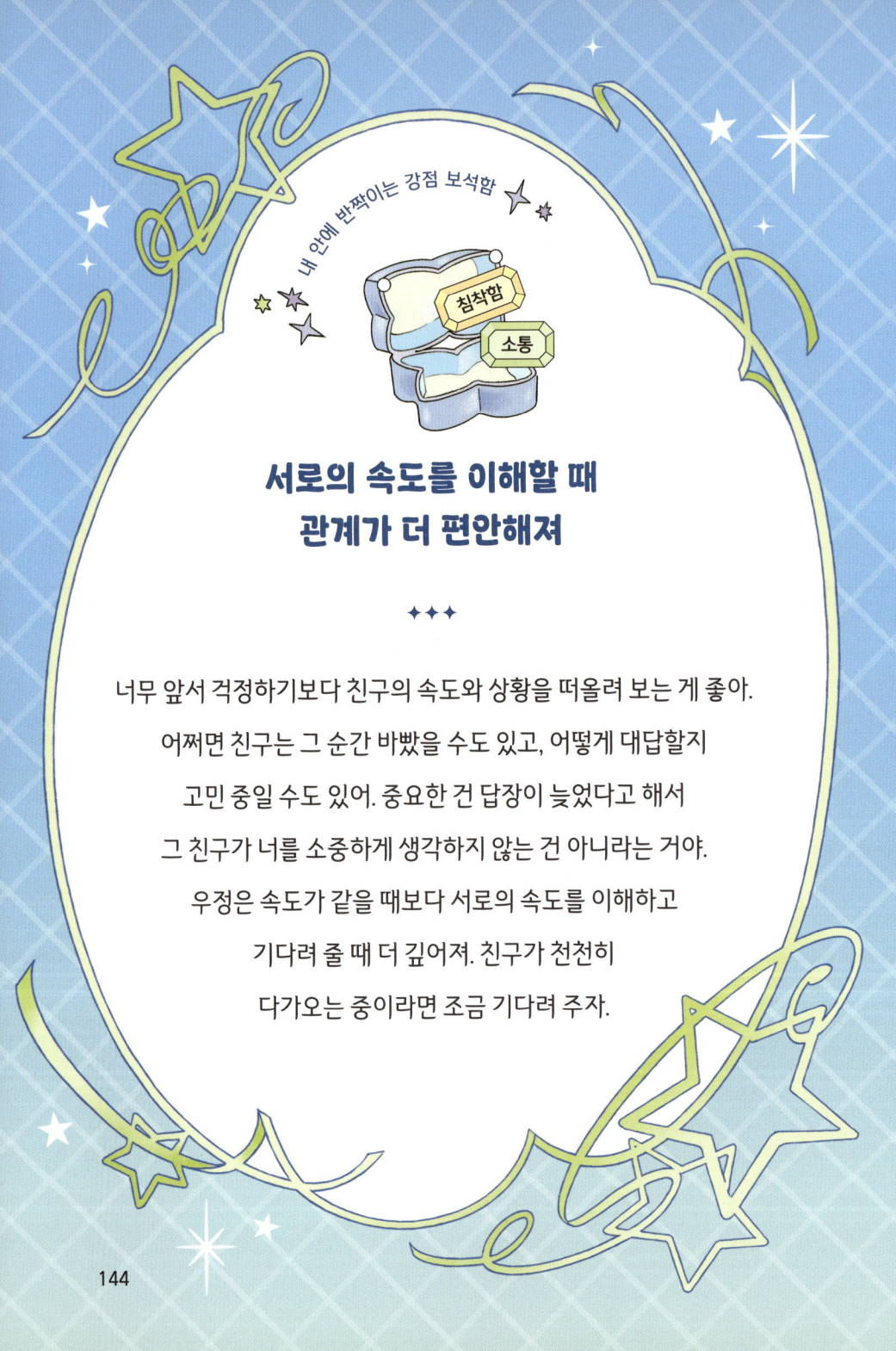

서로의 속도를 이해할 때
관계가 더 편안해져

✦✦✦

너무 앞서 걱정하기보다 친구의 속도와 상황을 떠올려 보는 게 좋아.
어쩌면 친구는 그 순간 바빴을 수도 있고, 어떻게 대답할지
고민 중일 수도 있어. 중요한 건 답장이 늦었다고 해서
그 친구가 너를 소중하게 생각하지 않는 건 아니라는 거야.
우정은 속도가 같을 때보다 서로의 속도를 이해하고
기다려 줄 때 더 깊어져. 친구가 천천히
다가오는 중이라면 조금 기다려 주자.

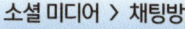 소셜 미디어 > 채팅방

너무 자주 메시지를 보낼 때

 **고민이에요**

친구가 쉴 새 없이 메시지를 보내요. 잠깐 답이 없으면 "왜 답장 안 해?", "지금 바빠?" 하고 바로 물을 때도 많고요. 공부할 때나 가족과 함께 있을 때도 계속 울리는 알림음 때문에 신경이 쓰이고 집중이 잘 안 돼요.

(자율성 ✦ 보석) **내 시간 스스로 선택하기**

네 시간은 네가 선택해서 지켜야 해. 자율성 보석은 남에게 끌려가지 않고 내가 언제 답할지 스스로 결정하도록 도와줘. 친구를 소중히 여기면서도 내 생활을 지킬 수 있다는 걸 잊지 마.

▶ 너랑 이야기하는 건 좋은데 내가 바쁠 땐 답이 늦어질 수 있어.

▶ 내가 공부할 땐 폰을 멀리 두기로 해서 바로 답 못 할 수도 있어.

(조율 ✦ 보석) **서로 편한 소통 방법 찾아 보기**

서로 편하게 연락할 방법을 함께 찾아 보는 것도 좋아. 조율 보석은 친구와 나의 리듬이 다를 때 중간 지점을 함께 고민하도록 해 줘. 너도 편하고 친구도 부담스럽지 않게 대화를 이어 갈 수 있도록 새로운 방법을 제안해 보자.

▶ 우리 서로 바쁠 때는 조금 여유 있을 때 답장하는 걸로 하면 어때?

▶ 급한 일은 전화로 알려 주고, 나머진 내가 시간 될 때 답장해도 괜찮을까?

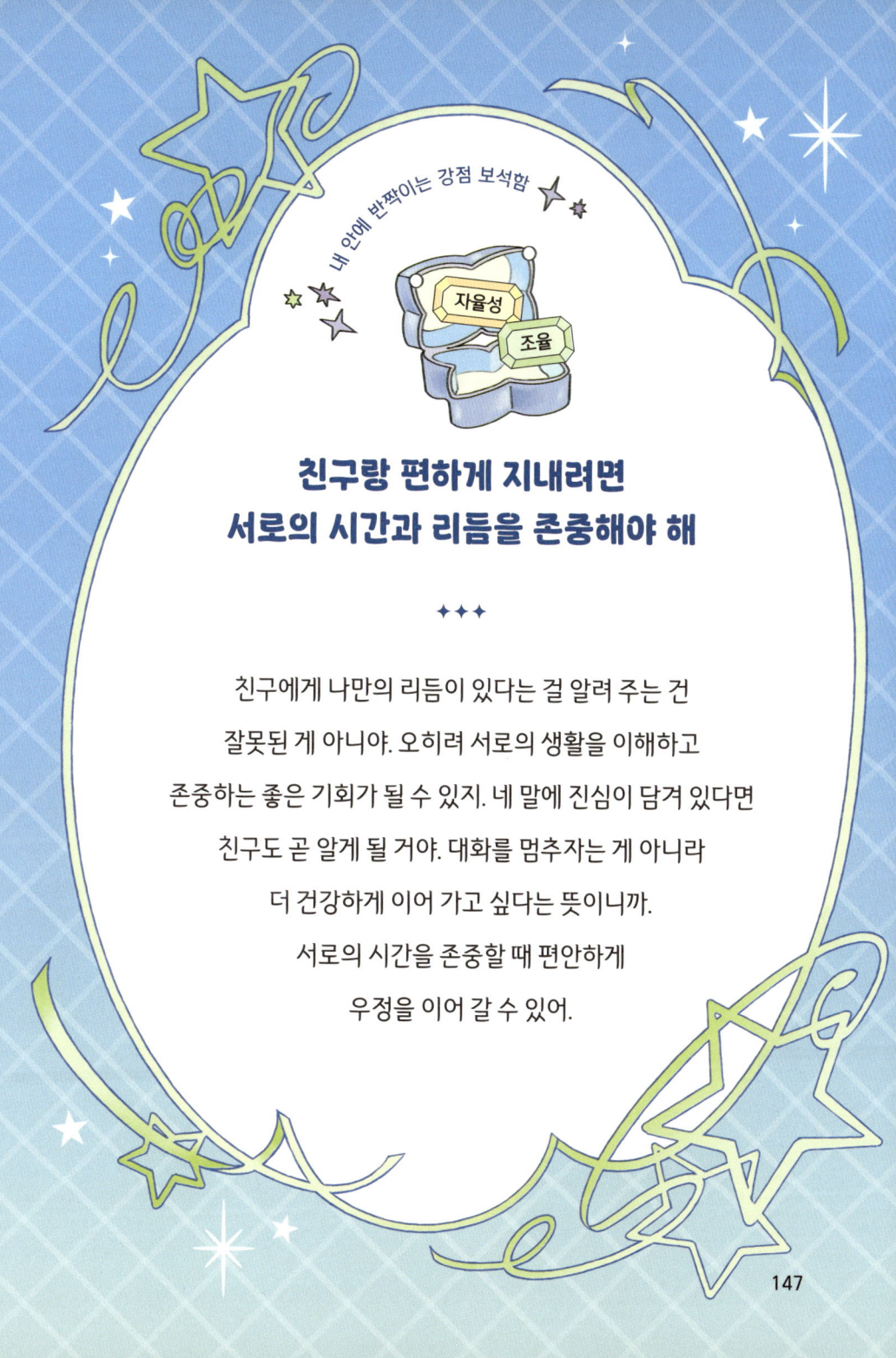

친구랑 편하게 지내려면
서로의 시간과 리듬을 존중해야 해

✦✦✦

친구에게 나만의 리듬이 있다는 걸 알려 주는 건
잘못된 게 아니야. 오히려 서로의 생활을 이해하고
존중하는 좋은 기회가 될 수 있지. 네 말에 진심이 담겨 있다면
친구도 곧 알게 될 거야. 대화를 멈추자는 게 아니라
더 건강하게 이어 가고 싶다는 뜻이니까.
서로의 시간을 존중할 때 편안하게
우정을 이어 갈 수 있어.

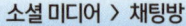# 소셜 미디어 > 채팅방

자기 말만 하고 내 메시지에는 반응하지 않을 때

 **고민이에요**

친구가 채팅방에서 자기 이야기만 잔뜩 하면서, 내 고민이나 질문을 보내면 그냥 읽고 넘기거나 아예 자기 얘기로 다시 돌아가 버려요. 이럴 때는 혼자서 벽을 보고 이야기하는 것처럼 답답하고 서운해요.

내 이야기가 재미없어서 그런가? 친구가 나를 진심으로 생각하지 않는 걸까?

존중 ✦ 보석 서로의 말에 귀 기울이는 태도 갖기

친구와 대화를 나눌 땐 친구의 말이 소중한 만큼 네 말 역시 존중받아야 해. 존중 보석은 친구와 나, 서로의 말을 똑같이 소중하게 여길 수 있도록 도와줘. 친구가 너무 자기 이야기만 한다면 조심스럽게 네 마음을 전해 보자.

▶ 네 이야기 듣는 것도 좋은데 내 얘기도 같이 나눠 보면 어떨까?

▶ 내가 보낸 메시지에 대해서 어떻게 생각해? 네 생각이 궁금해.

문제해결력 ✦ 보석 대화 방식 함께 바꿔 보기

대화는 말하는 사람도 중요하고 들어 주는 사람도 똑같이 중요해. 대화가 한쪽으로만 흐른다면 그 상황을 바꿀 방법을 함께 찾아 보는 것도 좋아. 문제해결력 보석은 더 나은 방향을 스스로 생각해 보게 도와줘. 네가 먼저 대화 방법을 제안하면 친구도 조금씩 바뀔 수 있어.

▶ 우리 돌아가면서 하나씩 이야기해 보면 더 좋을 것 같아.

▶ 앞으로 우리 서로의 말에 조금씩이라도 반응해 주기로 해 보자. 그러면 대화가 더 재밌을 것 같아.

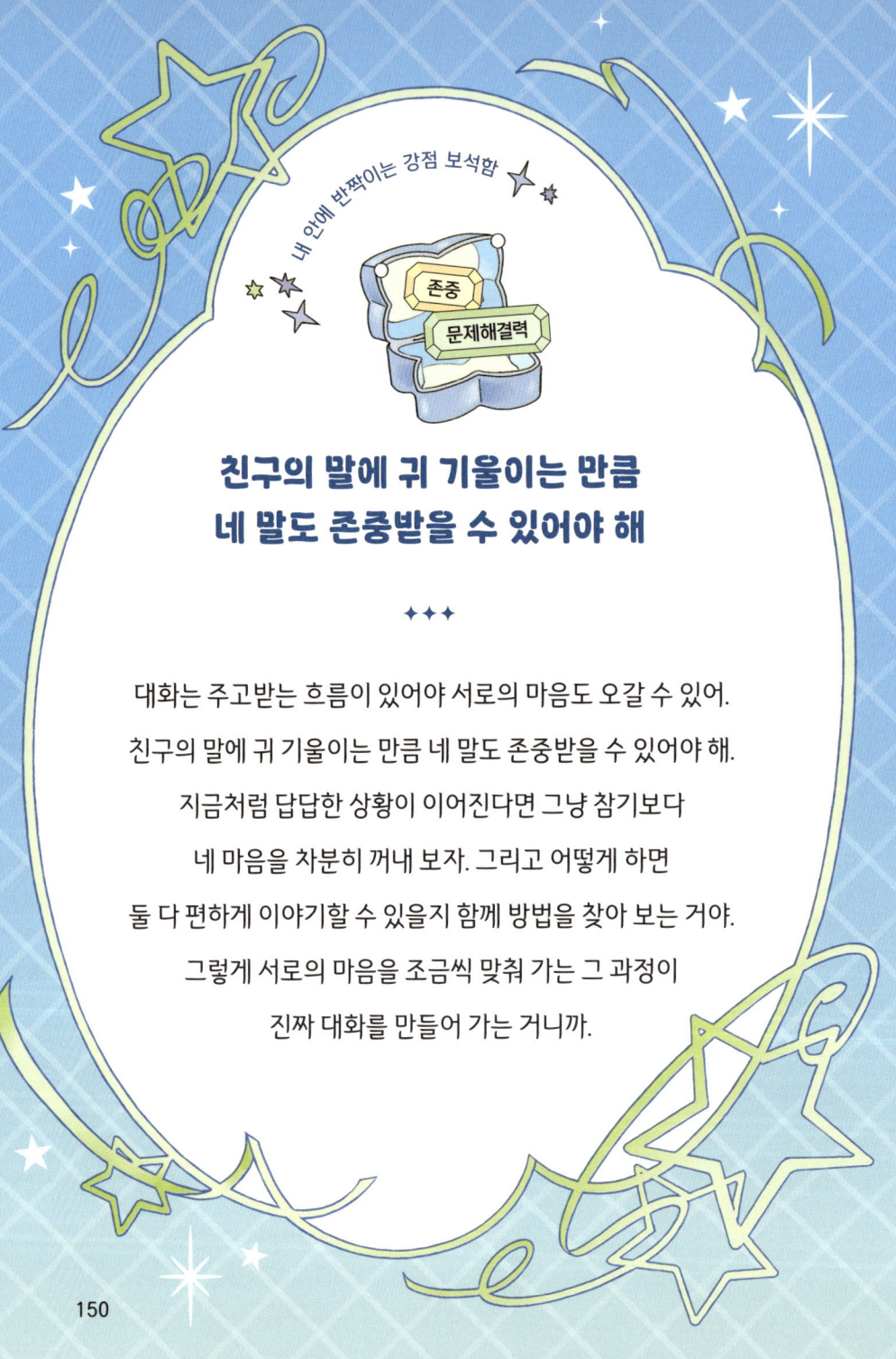

내 안에 반짝이는 강점 보석함

존중
문제해결력

친구의 말에 귀 기울이는 만큼
네 말도 존중받을 수 있어야 해

✦✦✦

대화는 주고받는 흐름이 있어야 서로의 마음도 오갈 수 있어.
친구의 말에 귀 기울이는 만큼 네 말도 존중받을 수 있어야 해.
지금처럼 답답한 상황이 이어진다면 그냥 참기보다
네 마음을 차분히 꺼내 보자. 그리고 어떻게 하면
둘 다 편하게 이야기할 수 있을지 함께 방법을 찾아 보는 거야.
그렇게 서로의 마음을 조금씩 맞춰 가는 그 과정이
진짜 대화를 만들어 가는 거니까.

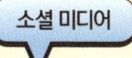 소셜 미디어

내가 올린 사진에
악플이 달렸을 때

 고민이에요

소셜 미디어에 올린 사진에 누군가 못생겼다고 댓글을 달았어요. 외모를 놀리고 비웃는 말이라서 보는 순간 마음이 철렁 내려앉았어요. 더 속상했던 건 그 댓글에 몇몇 친구들이 '좋아요'를 눌렀다는 거예요.

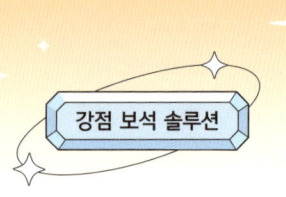

침착함 ✦ 보석 마음 가라앉히고 차분하게 대응하기

악플을 보면 누구라도 화가 날 수 있어. 하지만 그럴수록 감정에 휘둘리지 않고 먼저 마음을 다잡는 게 중요해. 침착함 보석은 마음이 흔들릴 때 조용히 중심을 잡아 줘. 조급하게 반응하기보다 네가 느낀 감정을 차분하고 분명하게 표현해 보자.

▶ 사람을 놀리는 댓글은 장난처럼 보여도 누군가에게는 큰 상처야.

▶ 내 사진을 그런 식으로 말해서 속상했어.

신뢰 ✦ 보석 믿을 수 있는 사람에게 도움 요청하기

말했는데도 상황이 나아지지 않거나 오히려 더 불편해진다면 혼자 참지 말고 믿을 수 있는 어른에게 도움을 구하자. 신뢰 보석을 꺼내서 믿을 수 있는 사람에게 기대는 것도 나를 지키는 방법이야. 네 마음을 이해하고 지켜 줄 수 있는 사람은 분명히 있어.

▶ 나 혼자 감당하기엔 너무 힘들어서 믿을 수 있는 어른과 꼭 상의해 보려고 해.

▶ 나뿐 아니라 다른 사람들도 상처받을 수 있는 말이야. 그냥 두면 안 된다고 생각해.

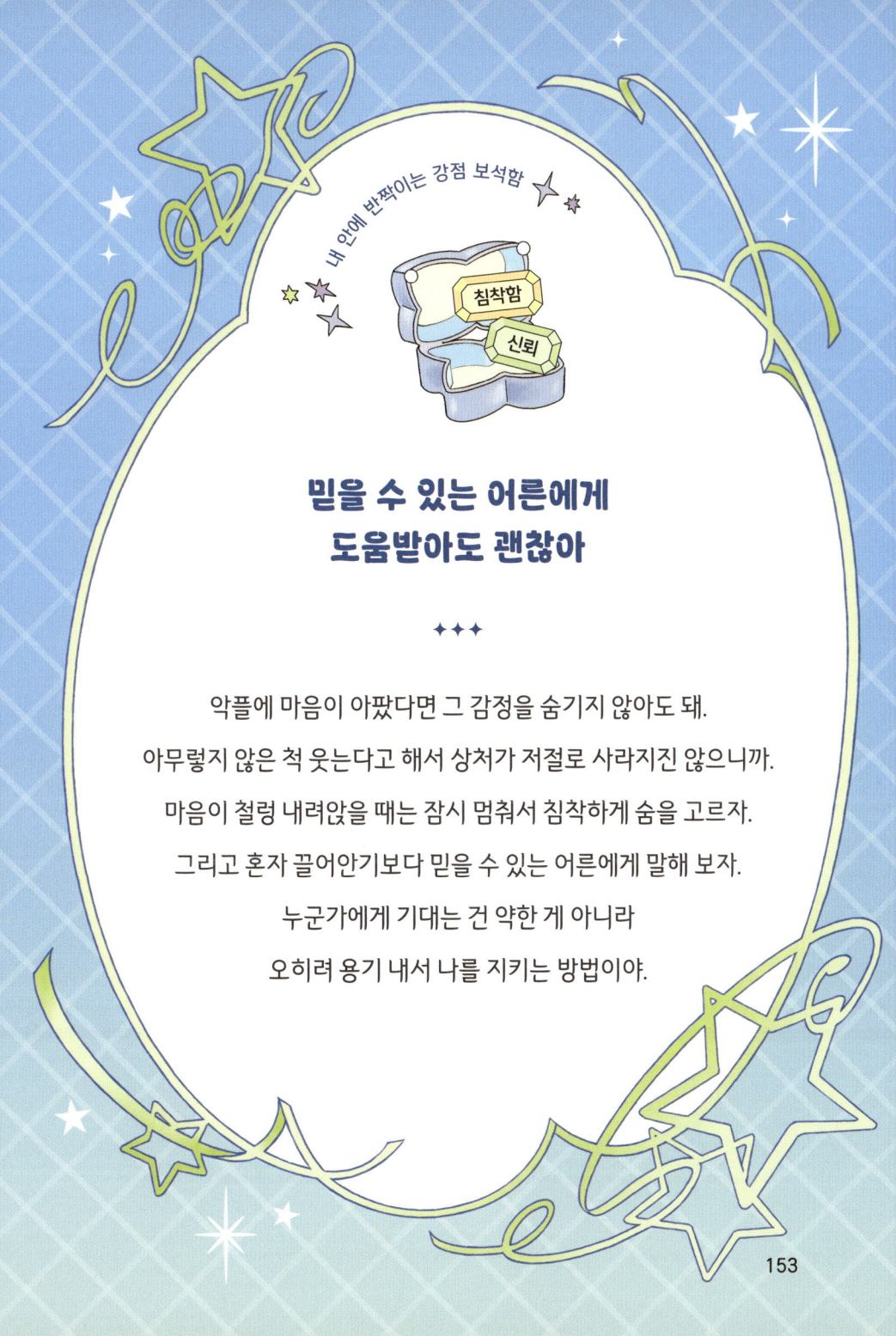

믿을 수 있는 어른에게
도움받아도 괜찮아

◆◆◆

악플에 마음이 아팠다면 그 감정을 숨기지 않아도 돼.
아무렇지 않은 척 웃는다고 해서 상처가 저절로 사라지진 않으니까.
마음이 철렁 내려앉을 때는 잠시 멈춰서 침착하게 숨을 고르자.
그리고 혼자 끌어안기보다 믿을 수 있는 어른에게 말해 보자.
누군가에게 기대는 건 약한 게 아니라
오히려 용기 내서 나를 지키는 방법이야.

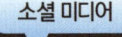 소셜 미디어

원하지 않는 사진을 찍어서 공유했을 때

 고민이에요

친구가 내 허락 없이 내 사진을 찍어서 소셜 미디어에 올렸어요. 사진을 내려 달라고 말하고 싶은데 유난스럽다고 생각할까 봐 걱정돼요.

(표현력 ✦ 보석) **내 감정 분명하게 전하기**

친구는 장난이라고 생각했을지 몰라도 네가 불편하다면 솔직하게 말하는 게 좋아. 표현력 보석은 내 마음을 분명하게 꺼내도록 도와줘. 불편한 마음을 숨기면 계속 신경 쓰이고 나중에는 더 크게 서운해질 수 있어. 친구가 이해할 수 있도록 화내지 말고 차분하게 네 마음을 표현해 보자.

▶ 그 사진은 나한텐 좀 민망해. 혹시 지워 줄 수 있을까?

▶ 재밌자고 올린 건 알지만 나는 조금 불편해.

(실행력 ✦ 보석) **행동으로 옮기기**

말로만 불편함을 전하는 걸로는 부족할 수 있어. 실행력 보석은 필요할 때 바로 행동으로 옮기도록 도와줘. 사진을 지워 달라고 요청하거나 앞으로는 올리기 전에 허락을 먼저 구하자고 제안해 보자. 그래야 같은 일이 반복되지 않고 서로 마음 편하게 지낼 수 있어.

▶ 그 사진은 꼭 지워 줬으면 해. 그래야 내 마음이 편할 것 같아.

▶ 다음부턴 사진 올리기 전에 서로 괜찮은지 먼저 물어보자.

내 안에 반짝이는 강점 보석함

표현력
실행력

친구 사이에도 분명한 표현과 약속이 필요해

✦✦✦

친구가 가볍게 생각한 일이라도 너에겐 불편하고
신경 쓰이는 일일 수 있어. 그럴 땐 솔직하게 말하고
서로 지킬 수 있는 기준을 함께 정해 가는 게 중요해.
불편한 이야기를 한다고 해서 친구와 멀어지는 건 아니야.
오히려 서로를 더 잘 이해하고
우정을 단단히 다지는 기회가 될 수 있어.

5

학교 폭력으로 고민될 땐 어떻게 해야 할까?

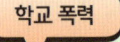 **학교 폭력**

친구가 장난이라고 말하면서 때릴 때

 고민이에요

친구가 자꾸 내 어깨를 세게 치거나 밀치고는 장난이라고 말하며 웃어요. 하지만 저는 전혀 안 웃겨요. 아프고 기분도 나빠요. 게다가 다른 친구들 앞에서 그러니까 창피하고 위축돼요.

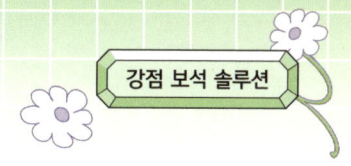

(단호함 ✦ 보석) **불편한 행동을 멈추라고 분명하게 말하기**

아무리 장난이라도 네가 아프고 기분 나쁘다면 그건 멈춰야 해. 이럴 때 단호함 보석은 내 마음을 차분하지만 확실하게 전하도록 도와줘. 애매하게 넘기면 계속 반복될 수 있으니까 친구에게 분명하게 말해 보자. 그러면 친구도 더 이상 가볍게 넘기지 못할 거야.

▶ 장난이라도 나는 아프고 기분 나빠. 이제 그만해 줘.

▶ 나는 몸을 치는 게 싫어. 다시는 하지 않았으면 좋겠어.

(문제해결력 ✦ 보석) **다시 반복되지 않도록 행동 바꾸기**

싫다고 말해도 상황이 달라지지 않는다면 다시 같은 일이 생기지 않도록 구체적인 방법을 생각해 봐야 해. 문제해결력 보석은 이런 상황에서 어떻게 바꾸면 좋을지 스스로 방법을 찾게 해 줘. 불편한 장난을 멈추도록 앞으로 지켜야 할 약속이나 새로운 규칙을 제안해 보자.

▶ 우리 서로 기분 나쁜 장난은 하지 않기로 약속하자.

▶ 나랑 계속 잘 지내고 싶다면 그런 장난은 이제 그만하면 좋겠어.

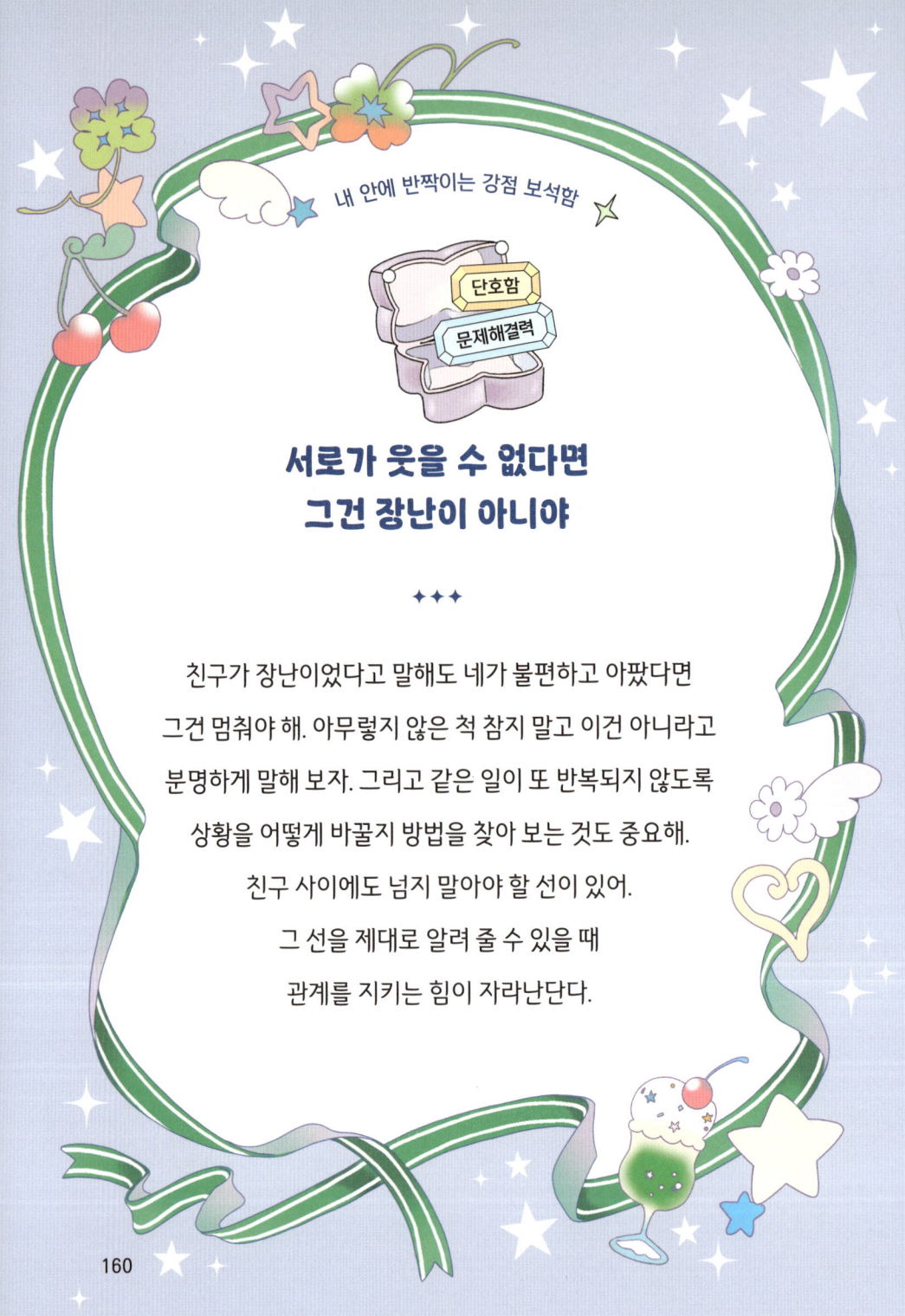

내 안에 반짝이는 강점 보석함

단호함
문제해결력

서로가 웃을 수 없다면
그건 장난이 아니야

✦✦✦

친구가 장난이었다고 말해도 네가 불편하고 아팠다면
그건 멈춰야 해. 아무렇지 않은 척 참지 말고 이건 아니라고
분명하게 말해 보자. 그리고 같은 일이 또 반복되지 않도록
상황을 어떻게 바꿀지 방법을 찾아 보는 것도 중요해.
친구 사이에도 넘지 말아야 할 선이 있어.
그 선을 제대로 알려 줄 수 있을 때
관계를 지키는 힘이 자라난단다.

학교 폭력

내가 싫어하는 별명을 부르며 무시할 때

고민이에요

친구들이 내가 싫어하는 별명을 자꾸 불러요. 처음엔 한두 명이 장난처럼 시작했는데 이젠 다른 친구들도 따라 하면서 다 같이 웃어요. 저는 분명히 싫다고 말했는데 오히려 더 심하게 놀려요.

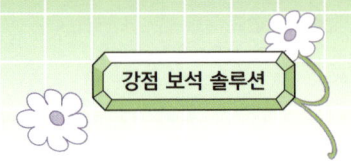

강점 보석 솔루션

자기 존중 ✦ 보석 나를 소중히 여기기

계속 별명으로 불리다 보면 '혹시 내가 진짜 그렇게 보이는 걸까?' 하고 헷갈릴 수 있어. 심지어는 '나는 별명으로 불려도 되는 사람인가?' 하는 생각까지 들지. 하지만 절대 그렇지 않아. 자기 존중 보석은 나 자신이 소중하다는 걸 잊지 않게 해 줘. 나를 존중하는 마음이 있어야 당당하게 설 수 있어.

▶ 나는 그런 식으로 불릴 만큼 하찮은 사람이 아니야.

▶ 나는 나를 아끼고 싶어. 더 이상 그냥 넘기지 않을 거야.

소통 ✦ 보석 내 마음 솔직하게 전하기

싫다고 했는데도 계속된다면 이제는 더 분명하게 말해야 해. 소통 보석은 내 마음을 숨기지 않고 정확하게 전달하도록 도와 줘. 나에겐 분명 상처라는 걸 또렷하게 알려 줘야 해. 그래야 친구들도 '아, 이건 그냥 웃고 넘길 일이 아니구나.' 하고 확실히 알 수 있어.

▶ 너희는 웃긴다고 하지만 나는 매번 상처받아. 그만해 줬으면 좋겠어.

▶ 난 그런 말이 장난처럼 안 들려. 나를 무시하는 것 같아서 불편해.

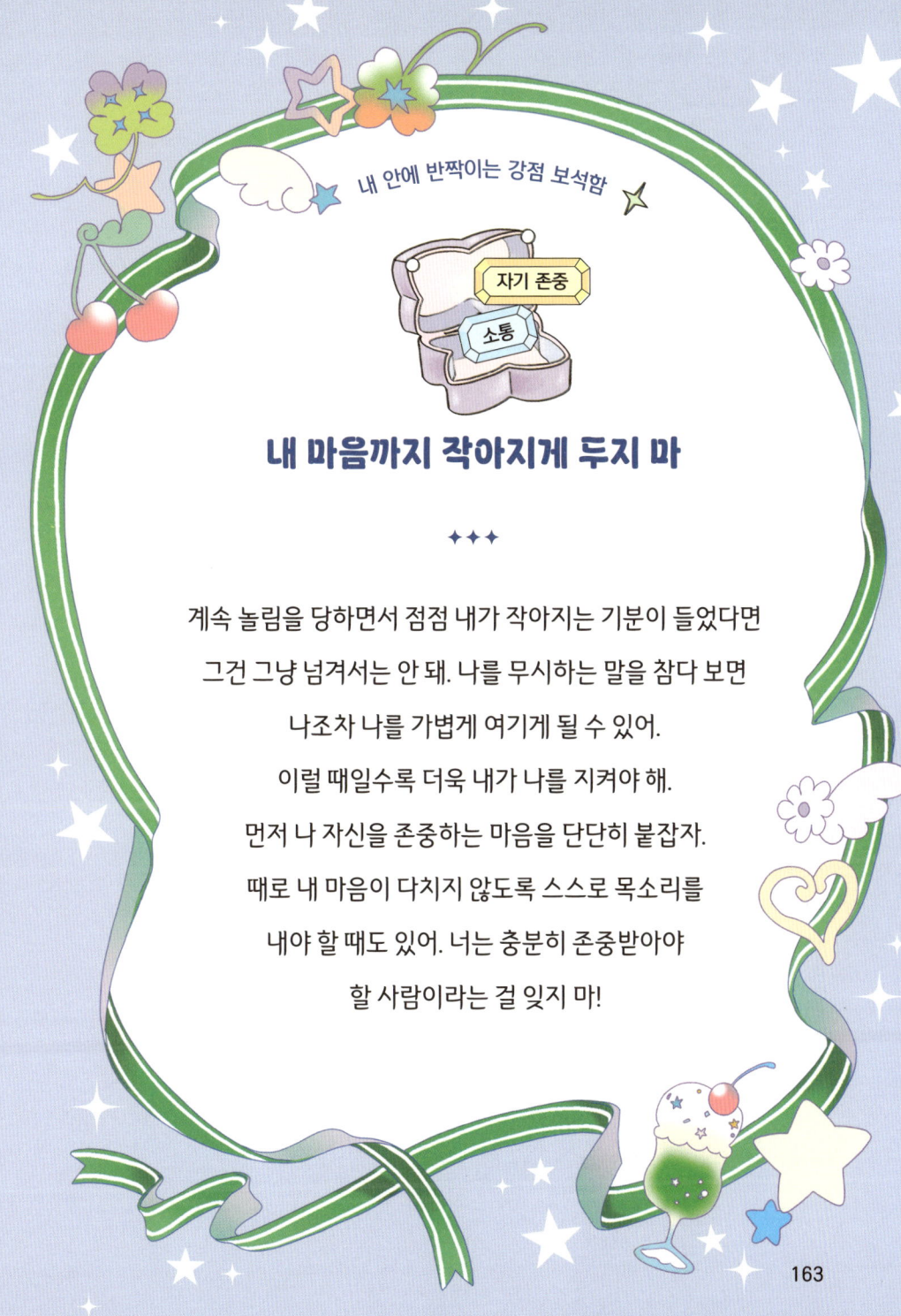

내 안에 반짝이는 강점 보석함

자기 존중
소통

내 마음까지 작아지게 두지 마

✦✦✦

계속 놀림을 당하면서 점점 내가 작아지는 기분이 들었다면
그건 그냥 넘겨서는 안 돼. 나를 무시하는 말을 참다 보면
나조차 나를 가볍게 여기게 될 수 있어.
이럴 때일수록 더욱 내가 나를 지켜야 해.
먼저 나 자신을 존중하는 마음을 단단히 붙잡자.
때로 내 마음이 다치지 않도록 스스로 목소리를
내야 할 때도 있어. 너는 충분히 존중받아야
할 사람이라는 걸 잊지 마!

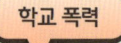 학교 폭력

다른 친구랑 놀지 못하도록 나를 욕하고 다닐 때

 고민이에요

한 친구가 나에 대한 안 좋은 소문을 퍼뜨려요. 사실이 아닌 말들 때문에 점점 나와 거리를 두는 친구들이 늘어났어요. 매일 조금씩 더 외톨이가 되는 기분이 들어요.

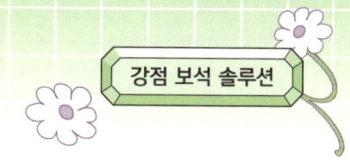
강점 보석 솔루션

회복탄력성 ✦ 보석 무너지는 마음 다시 세우기

계속되는 소문과 오해 속에서 혼자라는 기분이 들면 마음이 금세 무너질 수 있어. 회복탄력성 보석은 그런 상황에서도 스스로를 붙잡고 다시 중심을 찾게 도와줘. 누가 나를 흔들어도 내 마음만큼은 무너지지 않도록 내 편이 되어 줄 말을 먼저 나 자신에게 해 보자.

- ▶ 나한테 잘못이 없는데 내가 왜 자꾸 작아져야 하지?
- ▶ 힘들긴 하지만 나는 이 상황을 그냥 넘기지 않을 거야.

정의감 ✦ 보석 사실을 바로잡고 바른 기준 세우기

소문은 누군가의 말 한마디에서 시작되지만 그 말이 옳지 않다면 바로잡을 용기도 필요해. 정의감 보석은 사실을 분명히 하고 잘못된 말에 휩쓸리지 않도록 도와줘.

- ▶ 그건 사실이 아니야. 확인되지 않은 말은 퍼뜨리면 안 돼.
- ▶ 나는 사실대로 이야기하고 싶어. 잘못된 건 바로잡아야 해.

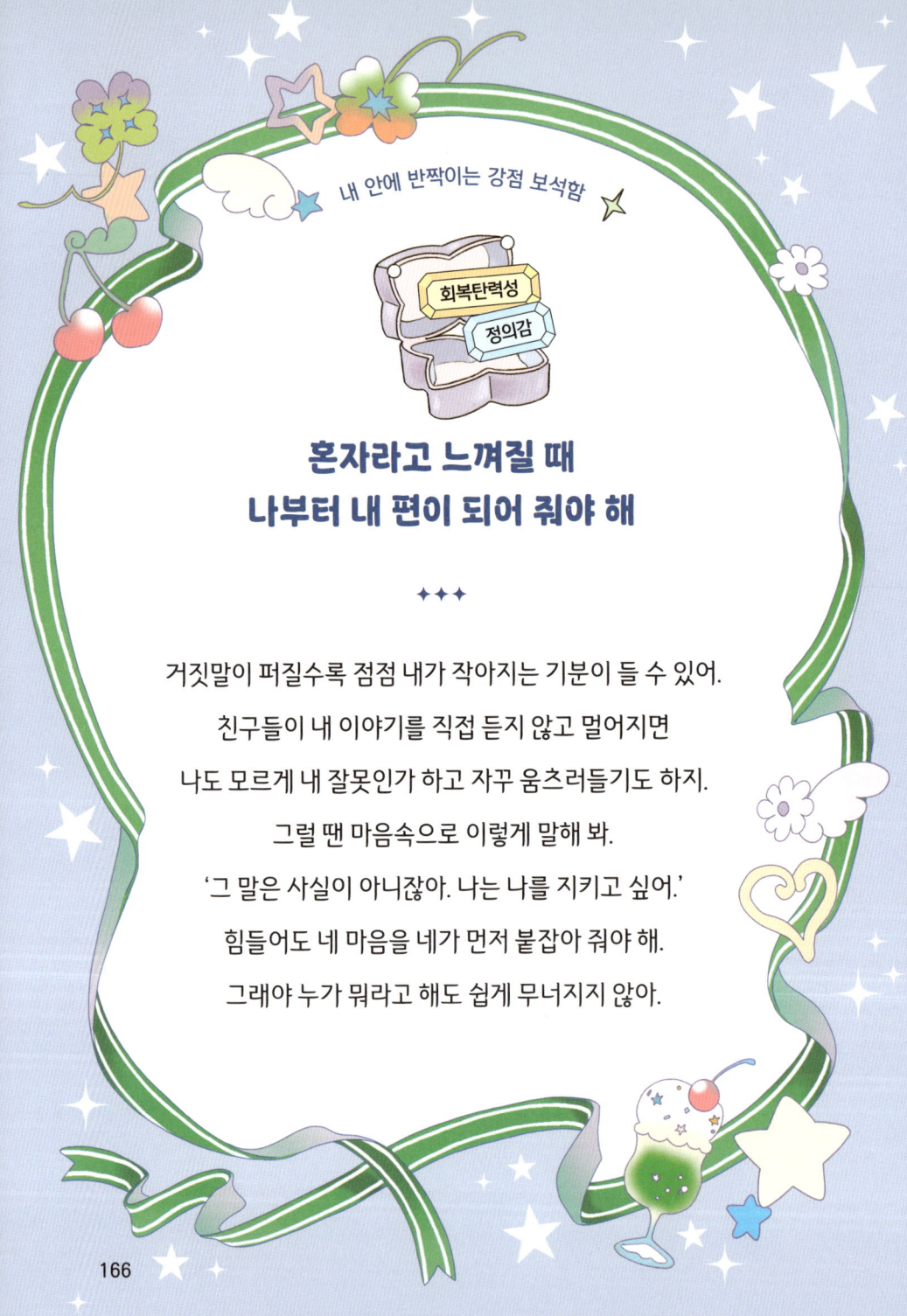

내 안에 반짝이는 강점 보석함

회복탄력성
정의감

혼자라고 느껴질 때
나부터 내 편이 되어 줘야 해

✦✦✦

거짓말이 퍼질수록 점점 내가 작아지는 기분이 들 수 있어.
친구들이 내 이야기를 직접 듣지 않고 멀어지면
나도 모르게 내 잘못인가 하고 자꾸 움츠러들기도 하지.
그럴 땐 마음속으로 이렇게 말해 봐.
'그 말은 사실이 아니잖아. 나는 나를 지키고 싶어.'
힘들어도 네 마음을 네가 먼저 붙잡아 줘야 해.
그래야 누가 뭐라고 해도 쉽게 무너지지 않아.

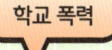 **학교 폭력**

어른에게 말하지 말라고
협박당할 때

 학교에서 괴롭힘을 당하고 있어요. 선생님이나 부모님께 말하면 이상한 사진이나 글을 퍼뜨리고 더 심하게 괴롭힐 거라고 겁을 줘요. 정말 도와달라고 말하고 싶은데 무서워서 아무한테도 말 못 하고 있어요.

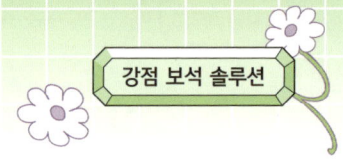
강점 보석 솔루션

신뢰✦보석 믿을 수 있는 어른에게 마음 열기

신뢰 보석은 네가 어른을 믿고 도움을 구할 수 있도록 힘을 줘. 선생님이나 부모님은 너를 지켜 줄 수 있는 든든한 울타리라는 걸 기억해.

- ▶ 혼자서는 도저히 감당이 안 돼요. 믿고 말씀드릴게요.
- ▶ 선생님이 계셔서 다행이에요. 저를 좀 지켜 주세요.

계획성✦보석 구체적인 상황과 증거 정리하기

도움을 요청할 때 누가, 언제, 어떤 말을 했는지 구체적으로 말씀드리자. 문자나 메신저 캡처, 친구들이 봤던 장면이 있다면 같이 전하는 것도 좋아. 어른들도 상황을 정확히 알아야 제대로 너를 지켜 줄 수 있어.

- ▶ 메시지 내용이 여기 있어요. 그냥 참고 넘기기엔 너무 무서웠어요.
- ▶ 저 혼자서는 이 상황을 멈출 수 없어요. 함께 방법을 찾아 주세요.

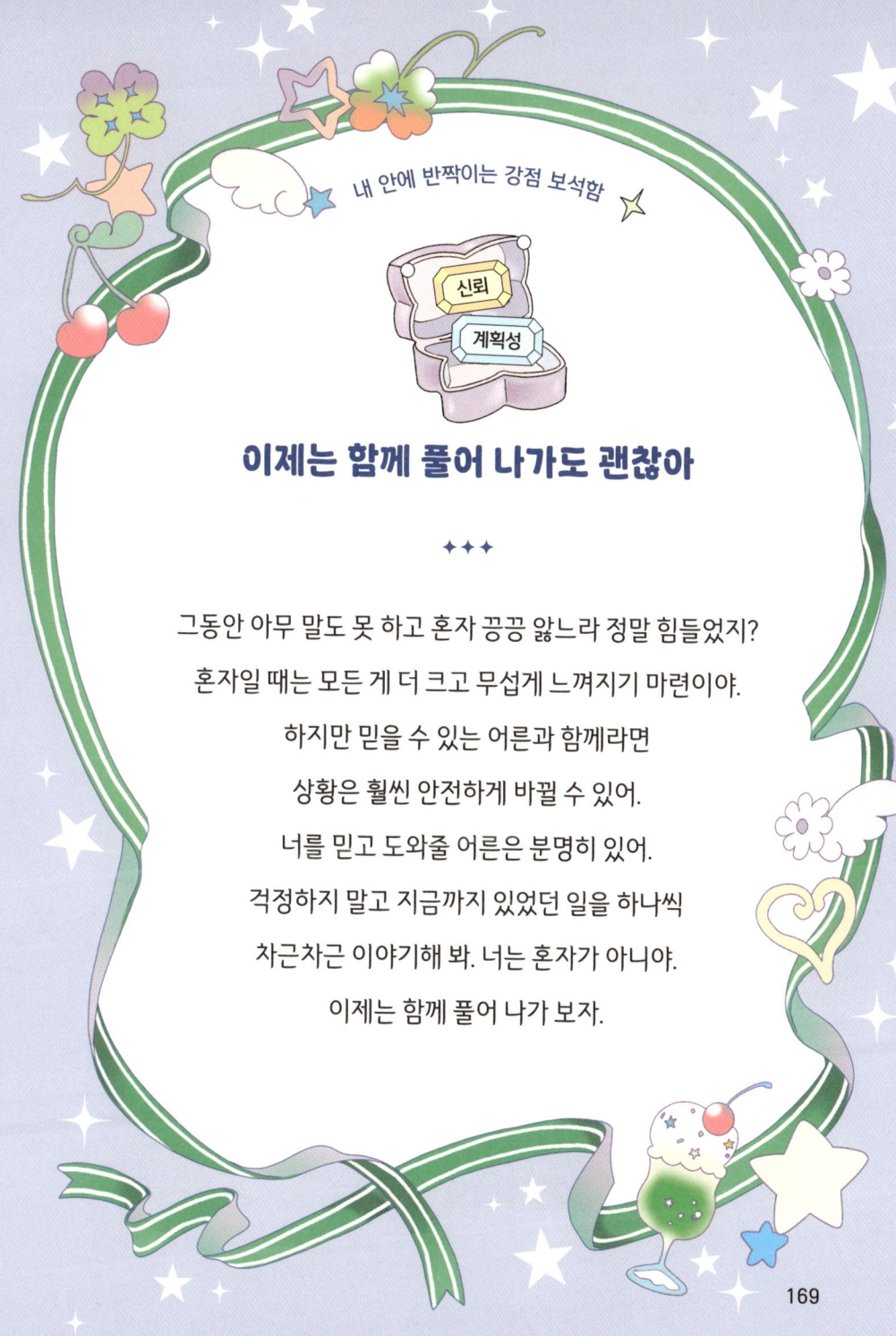

내 안에 반짝이는 강점 보석함

신뢰
계획성

이제는 함께 풀어 나가도 괜찮아

◆◆◆

그동안 아무 말도 못 하고 혼자 끙끙 앓느라 정말 힘들었지?
혼자일 때는 모든 게 더 크고 무섭게 느껴지기 마련이야.
하지만 믿을 수 있는 어른과 함께라면
상황은 훨씬 안전하게 바뀔 수 있어.
너를 믿고 도와줄 어른은 분명히 있어.
걱정하지 말고 지금까지 있었던 일을 하나씩
차근차근 이야기해 봐. 너는 혼자가 아니야.
이제는 함께 풀어 나가 보자.

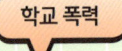 학교 폭력

내 물건을 허락도 없이 빼앗아 갈 때

 고민이에요

친구들이 내 필통이나 준비물을 허락 없이 가져가서 난감해요. 돌려달라고 하면 "잠깐 빌리는 건데 뭐가 문제야?"라며 제 말을 무시해요. 물건이 망가질 때도 있고 아예 돌려주지 않을 때도 있어요. 빌려주지 않으면 저한테 이기적이라고 말해요.

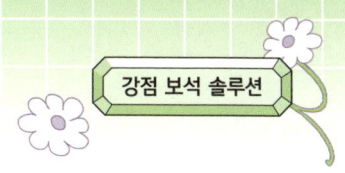

(자율성 ✦ 보석) **내 물건은 내가 지킬 수 있어**

물건을 지키는 건 나를 지키는 것과 같아. 누구든 내 허락 없이 내 물건을 가져가는 건 잘못된 행동이야. 자율성 보석은 남이 정한 기준이 아니라 '내가 어떤 선택을 할지'를 스스로 결정하도록 해 줘. 싫다고 느꼈다면 분명하게 말해 보자. 네 물건의 주인은 너라는 걸 잊지 마.

▶ 내 물건은 내가 필요할 때 쓰려고 가져온 거야. 먼저 물어봐 줘.

▶ 내가 아끼는 물건이니까 함부로 다뤄지면 속상해.

(책임감 ✦ 보석) **빌렸다면 끝까지 지켜야 해**

물건을 빌려 갔다면 망가지지 않게 잘 쓰고 꼭 제때 돌려줄 책임이 있어. 책임감 보석은 내가 맡은 것을 끝까지 지켜 내도록 도와주는 힘이야. 친구에게도 그 책임이 필요하다는 걸 분명히 알려 주자.

▶ 빌렸으면 꼭 제자리에 돌려줘야 해.

▶ 이제는 꼭 먼저 허락받고 써 주면 좋겠어.

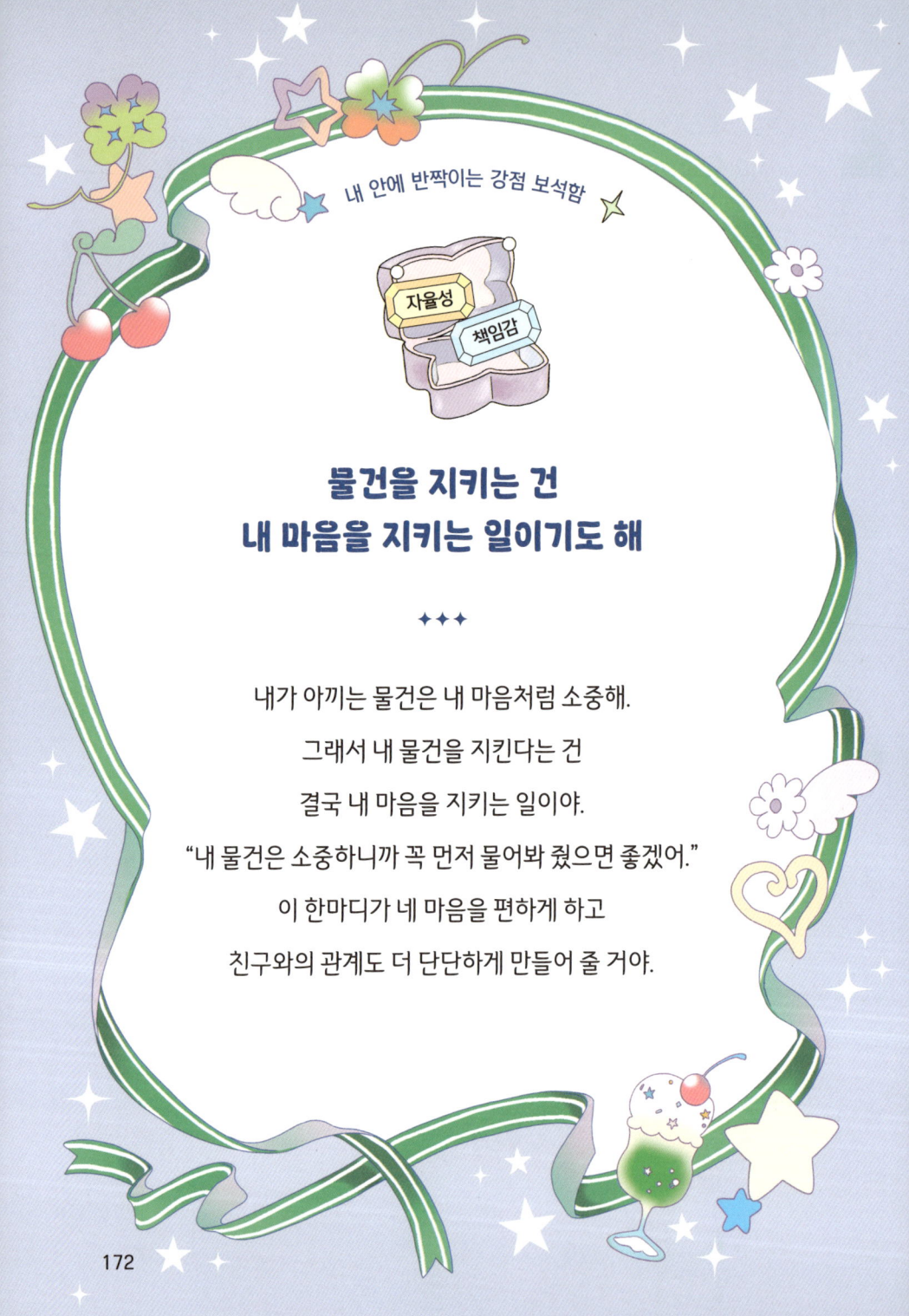

내 안에 반짝이는 강점 보석함

자율성 책임감

물건을 지키는 건
내 마음을 지키는 일이기도 해

✦✦✦

내가 아끼는 물건은 내 마음처럼 소중해.

그래서 내 물건을 지킨다는 건

결국 내 마음을 지키는 일이야.

"내 물건은 소중하니까 꼭 먼저 물어봐 줬으면 좋겠어."

이 한마디가 네 마음을 편하게 하고

친구와의 관계도 더 단단하게 만들어 줄 거야.

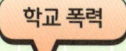
학교 폭력

돈을 빌려달라고 해 놓고 갚지 않을 때

고민이에요

친구에게 돈을 빌려줬는데 한참이 지나도 갚지 않아요. 조심스럽게 돌려달라고 했더니 그깟 돈 갖고 왜 그러냐면서 오히려 화를 냈어요. 그리고 선생님께 말하면 가만 안 둔다고 협박했어요. 괜히 일이 더 커질까 봐 아무 말 못 하고 있는데 하루하루 불안해요.

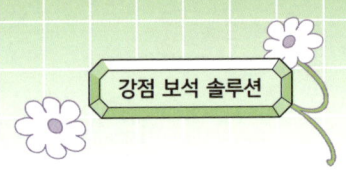

용기 ✦ 보석 내 마음을 지키기 위한 첫말 꺼내기

돈을 빌려줬는데 돌려받지 못하고 협박까지 받았다면 심각한 일이야. 용기 보석은 불편하고 무서운 상황에서 나를 보호하기 위해 한 걸음 내딛게 도와줘. 지금 필요한 건 누군가와 이 문제를 함께 나누고 해결할 방법을 찾는 거야. 믿을 수 있는 어른에게 지금의 상황을 조심스럽게 이야기해 보자.

▶ 선생님, 지금 걱정되는 일이 있어서 조용히 이야기하고 싶어요.

▶ 부모님, 사실 친구한테 돈을 빌려줬는데 돌려받지 못했어요.

정의감 ✦ 보석 옳고 그름을 분명히 세우기

돈을 빌려 놓고 갚지 않거나 협박하는 건 분명히 잘못된 일이야. 정의감 보석은 친구 관계에서도 지켜야 할 바른 기준을 세우도록 도와줘. 부당한 상황을 그냥 넘기지 말고 이렇게 분명히 말해 봐.

▶ 너를 믿고 빌려준 거야. 갚기로 한 약속은 지켜 줬으면 좋겠어.

▶ 협박하지 마. 그건 옳지 않아.

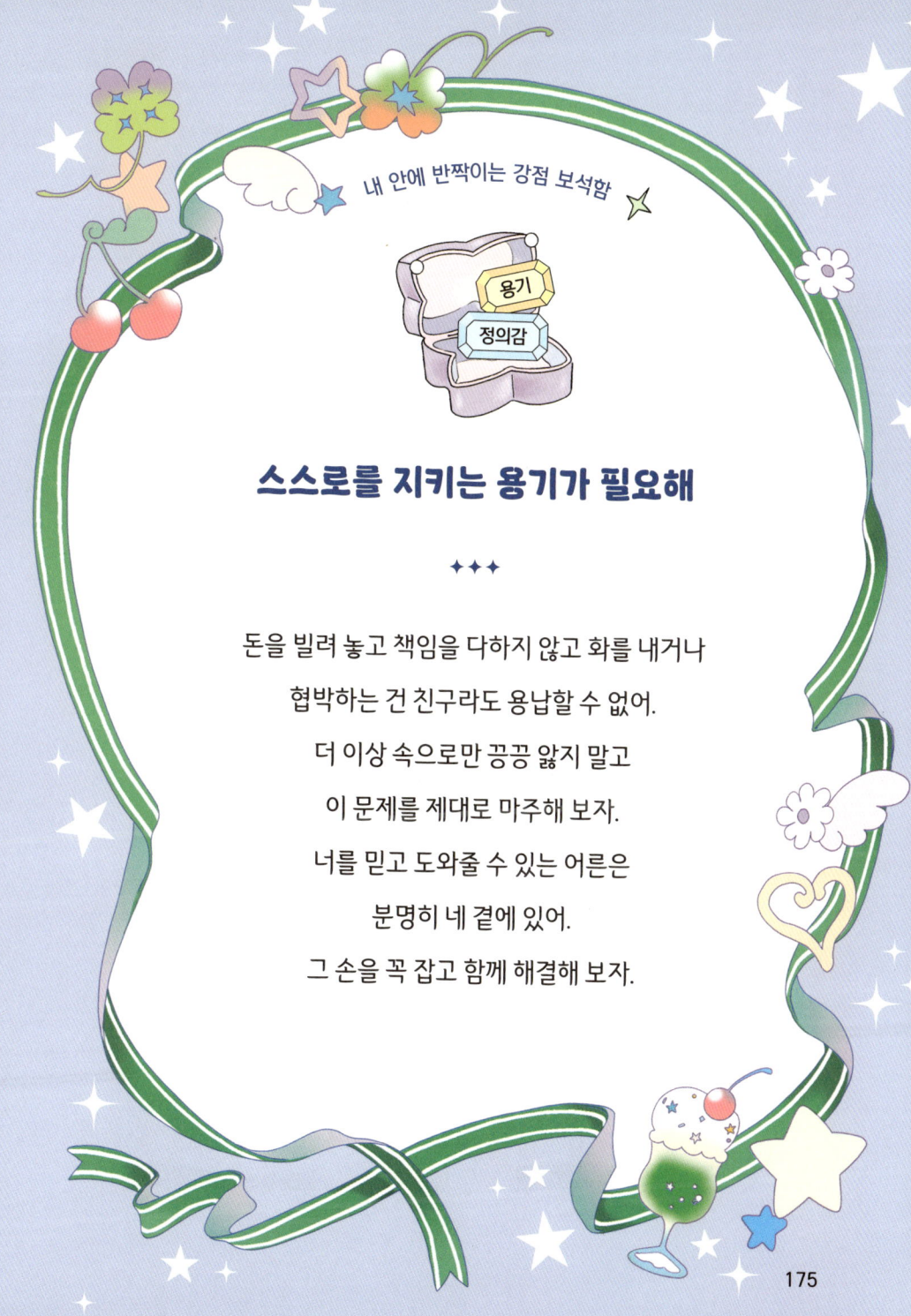

내 안에 반짝이는 강점 보석함

용기
정의감

스스로를 지키는 용기가 필요해

✦✦✦

돈을 빌려 놓고 책임을 다하지 않고 화를 내거나
협박하는 건 친구라도 용납할 수 없어.
더 이상 속으로만 끙끙 앓지 말고
이 문제를 제대로 마주해 보자.
너를 믿고 도와줄 수 있는 어른은
분명히 네 곁에 있어.
그 손을 꼭 잡고 함께 해결해 보자.

> 학교 폭력

친구가 옳지 않은 행동을 같이 하자고 강요할 때

고민 이에요

친구가 다른 친구의 물건을 훔치자고 하더니 이제는 시험지 답을 몰래 보여 달라고 해요. 내가 망설이면 의리가 없다면서 안 보여 주면 우리 사이는 끝이라고 겁을 줘요.

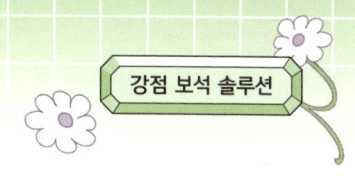

　자율성 ✦ 보석　내 선택은 내가 정해

누가 뭐라고 하든 지금 이 일이 옳은지 아닌지는 스스로 가장 잘 알고 있을 거야. 자율성 보석은 남이 정한 기준에 끌려가지 않고 내 안의 판단에 따라 선택할 수 있게 도와줘. 지금처럼 분명히 잘못됐다고 느꼈다면 그 마음을 믿어도 돼. 내가 지켜야 할 기준은 내가 스스로 선택하는 거야.

▶ 나는 이건 아니라고 생각해. 그래서 하지 않을 거야.

▶ 아무리 친한 친구라도 이건 같이 할 수 없어.

　실행력 ✦ 보석　판단했다면 움직여야 할 때야

무엇이 잘못된 일인지 이미 알고 있다면 이제는 행동할 차례야. 실행력 보석은 망설이지 않고 지금 해야 할 말을 실제로 꺼낼 수 있게 도와줘. 참기만 하면 상황은 달라지지 않아. 말해야 할 때 말하고 멈춰야 할 일에는 '그만'이라고 말해 보자.

▶ 그건 해서는 안 되는 일이야. 난 지금 여기서 멈출래.

▶ 네가 계속 강요하면 나도 어른들에게 이 상황을 알릴 거야.

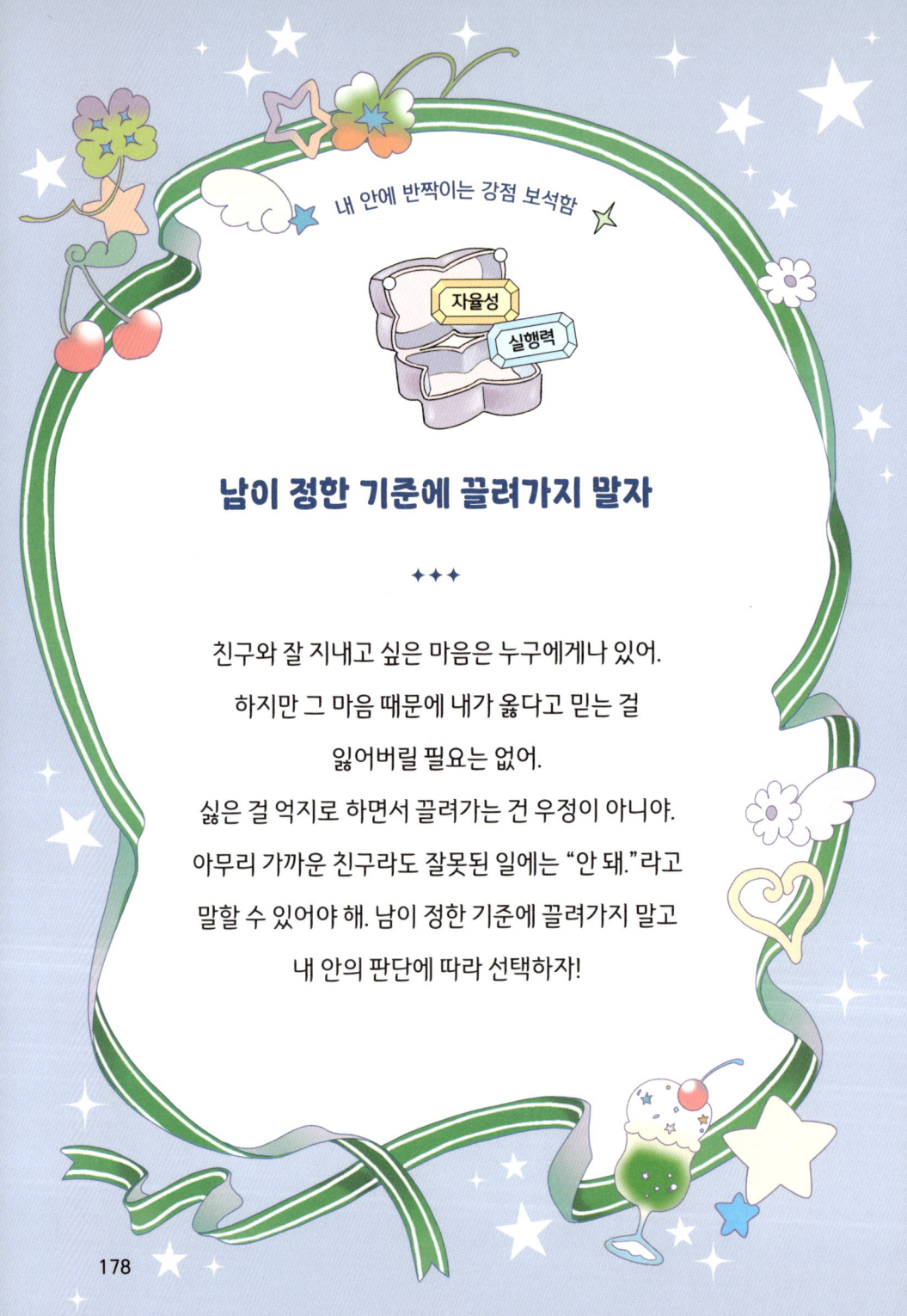

내 안에 반짝이는 강점 보석함

자율성
실행력

남이 정한 기준에 끌려가지 말자

✦✦✦

친구와 잘 지내고 싶은 마음은 누구에게나 있어.
하지만 그 마음 때문에 내가 옳다고 믿는 걸
잃어버릴 필요는 없어.
싫은 걸 억지로 하면서 끌려가는 건 우정이 아니야.
아무리 가까운 친구라도 잘못된 일에는 "안 돼."라고
말할 수 있어야 해. 남이 정한 기준에 끌려가지 말고
내 안의 판단에 따라 선택하자!

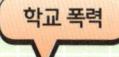 학교 폭력

나를 투명 인간 취급할 때

 고민이에요

친구들이 내가 없는 것처럼 행동해요. 내가 말을 걸어도 무시하고 조별 활동에서도 내 의견은 듣지 않아요. 급식실에서도 일부러 자리를 옮기거나 나를 피해요. 이런 일이 반복되니까 너무 힘들어요.

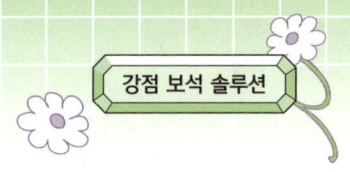

강점 보석 솔루션

(자기 존중 ✦ 보석) **나는 내가 지켜야 할 소중한 사람이야**

친구가 외면하면 내 마음은 더 작아질 수 있어. 그럴수록 꼭 기억해야 해. 내 가치는 다른 사람의 태도로 결정되는 게 아니라는 걸 말이야. 자기 존중 보석은 외롭고 위축될 때도 나는 소중한 사람이라는 믿음을 놓지 않게 도와줘. 이럴 때 내가 얼마나 아프고 힘든지 내 감정을 직접 말해 보는 것도 나를 지키는 한 가지 방법이야.

▶ 나를 없는 사람처럼 대하는 게 정말 속상하고 외로워.

▶ 나도 같이 이야기하고 싶고, 함께 어울리고 싶어.

(협력 ✦ 보석) **혼자가 아니라 함께 길 찾기**

혼자서 버티려 하면 마음이 더 지칠 수 있어. 협력 보석은 어려울 때 다른 사람과 힘을 모아 해결할 길을 찾게 도와줘. 부모님이나 선생님, 믿을 만한 어른에게 함께 방법을 찾아 달라고 말해 보자. 네 이야기를 진심으로 들어 줄 사람은 반드시 있어.

▶ 선생님, 저 혼자서는 힘들어요. 같이 방법을 찾아 주실 수 있나요?

▶ 혼자서는 감당하기 힘든 일이라 상담을 받고 싶어요.

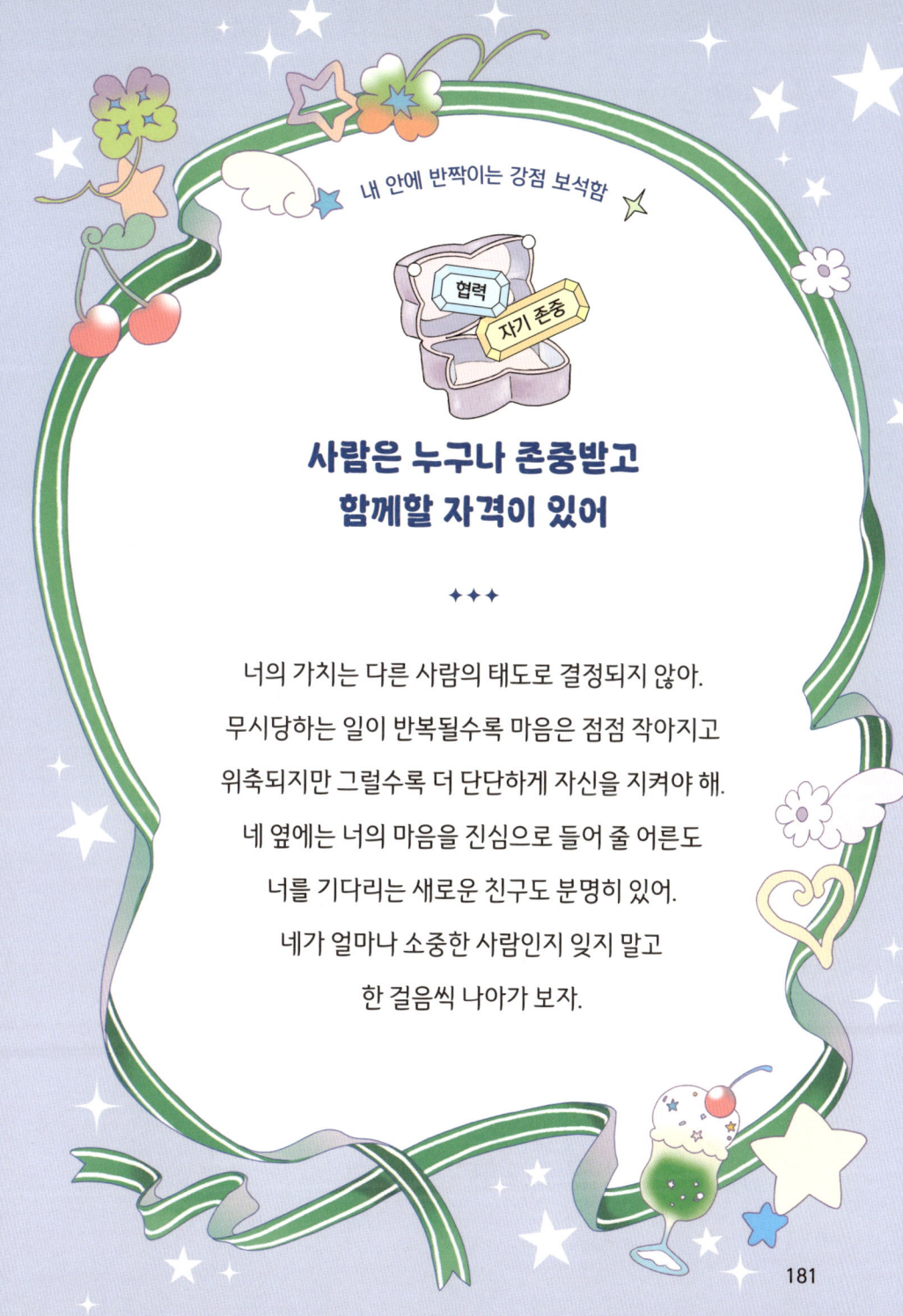

내 안에 반짝이는 강점 보석함

협력
자기 존중

사람은 누구나 존중받고 함께할 자격이 있어

✦✦✦

너의 가치는 다른 사람의 태도로 결정되지 않아.
무시당하는 일이 반복될수록 마음은 점점 작아지고
위축되지만 그럴수록 더 단단하게 자신을 지켜야 해.
네 옆에는 너의 마음을 진심으로 들어 줄 어른도
너를 기다리는 새로운 친구도 분명히 있어.
네가 얼마나 소중한 사람인지 잊지 말고
한 걸음씩 나아가 보자.

> 학교 폭력

한 친구를 같이 싫어하고 따돌리자고 말할 때

고민이에요

친구들이 한 친구를 같이 따돌리자고 해요. 내가 거절하면 나도 왕따가 될까 봐 겁나고 무리에서 멀어질까 봐 불안해요. 하지만 누군가를 따돌리는 건 잘못된 일이라는 걸 알아요. 그래서 마음이 불편하고 힘들어요.

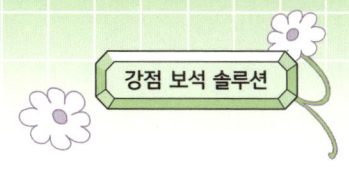
강점 보석 솔루션

(정의감 ✦ 보석) **잘못된 건 잘못됐다고 말해 보자**

따돌림은 친구에게 큰 상처가 될 수 있어. 정의감 보석은 모두가 다 따라간다고 해도 흔들리지 않고 내가 옳다고 믿는 기준을 지키도록 도와줘. 누군가를 미워하고 따돌려야만 친구로 지낼 수 있는 사이는 진짜 우정이 아니야. 불편한 마음이 들었다면 그 생각을 분명하게 표현해 봐.

▶ 나는 따돌리는 행동에 함께 하지 않을 거야. 분명 잘못된 일이야.

▶ 네가 그런 상황을 겪는다면 얼마나 힘들지 생각해 봐.

(주도성 ✦ 보석) **분위기를 바꾸는 첫 사람이 되어 보기**

혼자 조용히 빠지는 것만으로 상황을 바꾸기는 어려워. 주도성 보석은 주변 분위기에 끌려가지 않고 먼저 바른 방향으로 움직이도록 도와줘. 누군가를 미워하는 말이 오갈 때 가만히 있는 대신 먼저 말해 보는 거야. "이건 아닌 것 같아."라고 말하는 그 한마디가 상황을 바꾸는 시작이 될 수 있어.

▶ 너무 함부로 말하지 말자. 직접 들은 것도 아니잖아.

▶ 혹시 오해가 있었다면 같이 이야기해 보자.

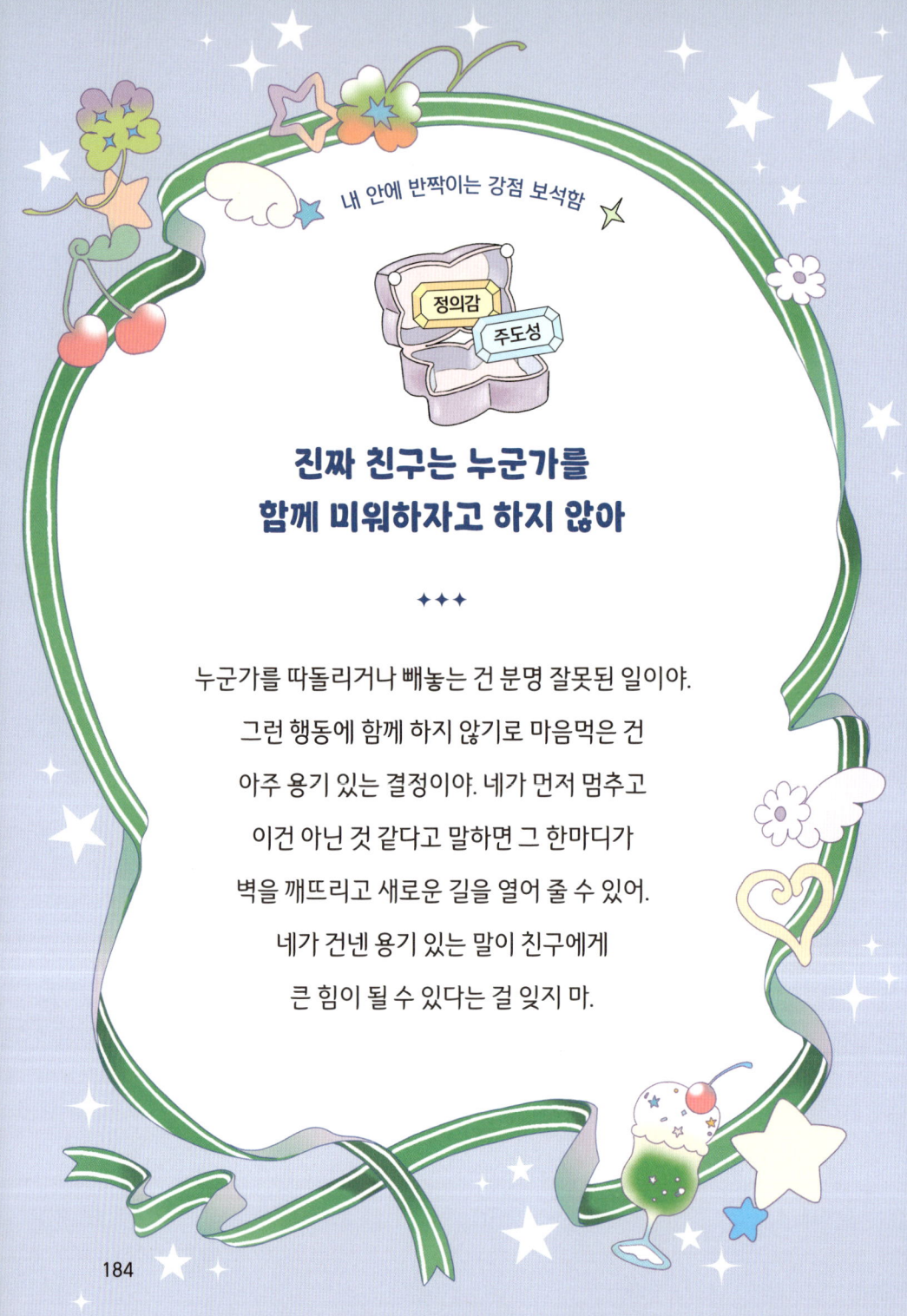

내 안에 반짝이는 강점 보석함

정의감
주도성

진짜 친구는 누군가를 함께 미워하자고 하지 않아

✦✦✦

누군가를 따돌리거나 빼놓는 건 분명 잘못된 일이야.
그런 행동에 함께 하지 않기로 마음먹은 건
아주 용기 있는 결정이야. 네가 먼저 멈추고
이건 아닌 것 같다고 말하면 그 한마디가
벽을 깨뜨리고 새로운 길을 열어 줄 수 있어.
네가 건넨 용기 있는 말이 친구에게
큰 힘이 될 수 있다는 걸 잊지 마.

이성 교제로 고민될 땐 어떻게 해야 할까?

이성 교제

고백을 받았는데 거절하고 싶을 때

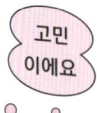 고민이에요

같은 반 친구가 고백했어요. 친구로서는 괜찮은데 그 이상으로 생각해 본 적이 없어서 솔직히 마음이 복잡해요. 거절하면 그 친구가 상처받을까 봐 걱정되고 우리 사이가 어색해지면 어떡하지 싶은 마음도 들어요. 다른 친구들이 이상하게 볼까 봐 신경도 쓰여요.

진정성 ✦ 보석 내 마음 애매하지 않게 분명히 말하기

고백을 받았을 때 네 마음이 불편하다면 분명하고 솔직하게 전하는 게 중요해. 우선 상대방에게 상처 주지 않도록 말투는 조심스럽게 하자. 하지만 네 마음은 분명하고 또렷하게 전하자. 애매하게 말하면 상대방이 기대하게 되고 나중에 더 힘들어질 수 있어.

- ▶ 고마워. 그런데 나는 너랑 친구로 지내고 싶어.
- ▶ 네가 얼마나 용기 냈는지 알아. 그래서 나도 내 진심을 솔직하게 전하고 싶었어.

배려 ✦ 보석 친구의 감정을 존중하며 관계 이어 가기

고백을 거절한다고 해서 꼭 사이가 멀어져야 하는 건 아니야. 배려 보석은 내 감정과 친구 감정을 함께 소중히 여기도록 도와줘. 앞으로도 좋은 친구로 지내고 싶다는 마음을 전해 보자. 그런 배려가 있으면 우정은 계속 이어질 수 있어.

- ▶ 네 마음은 고맙게 생각할게. 앞으로도 서로 편하게 지내자.
- ▶ 이 일로 사이가 멀어지지 않았으면 좋겠어. 난 여전히 너랑 잘 지내고 싶어.

내 안에 반짝이는 강점 보석함

진정성
배려

분명하게 말하고 배려하는 태도를 보여 줘

✦✦✦

친구의 고백을 거절하는 건 쉽지 않아.
하지만 내 마음을 분명하게 말하면서도 친구를 배려하는
태도를 보여 준다면 좋은 관계를 지킬 수 있어.
지금 너는 네 감정도 친구의 감정도 존중하며
솔직하게 대화하려고 노력하고 있어.
그 태도가 앞으로의 우정을 더
단단하게 만들어 줄 거야.

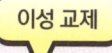 이성 교제

사귀고 싶지 않은데 오해할 때

 고민이에요

나는 그냥 친구로서 친절하게 대했는데 그걸 좋아하는 마음으로 오해한 친구가 있어요. 그런데 그 친구가 우리가 서로 좋아하는 사이라며 소문까지 내고 다니는 바람에 요즘 너무 불편하고 어색해요. 복도에서 마주치거나 같은 모둠이 될 때마다 신경이 쓰이고 다른 친구들이 나를 어떻게 볼지도 걱정돼요.

강점 보석 솔루션

[경계 설정 ✦ 보석] 소문과 불편한 기대는 여기까지

오해가 계속되면 선을 분명히 보여 줄 필요가 있어. 경계 설정 보석은 나와 친구 사이에 지켜야 할 선을 정하고 그 선을 지켜 달라고 말하는 힘이야. 더 이상 소문이 퍼지지 않도록 요청하고 앞으로의 거리를 차분하게 정해 보자.

▶ 우리가 서로 좋아한다는 소문은 사실이 아니야. 그 말은 멈춰 줬으면 해.

▶ 나는 친구로 지내고 싶어. 이런 이야기는 더 이상 하지 않았으면 좋겠어.

[표현력 ✦ 보석] 내 마음 분명하게 전하기

경계는 분명히 세웠으니 이제는 내 마음을 솔직하게 전할 차례야. 친구가 상처받지 않도록 조심스럽게 하지만 내 입장은 분명하게 말해 줘야 해. 표현력 보석은 복잡한 감정을 상황에 맞게 말로 풀어낼 수 있도록 도와줘.

▶ 너에게 친절했던 건 진심이었지만 좋아한다는 뜻은 아니었어. 난 친구로서 그랬던 거야.

▶ 그런 소문이 돌고 있어서 좀 당황스러워. 나는 그런 감정은 아니야.

내 안에 반짝이는 강점 보석함

경계 설정
표현력

친절과 호감은 다르다는 걸 분명하게 말하자

✦✦✦

친구가 내 친절을 특별한 감정으로 오해했을 때
그냥 모른 척하거나 애매하게 넘기면 오해가 더 커질 수 있어.
이럴 땐 친절과 호감은 다르다는 걸 분명하게 말하자.
오해를 풀고 나면 적당한 거리에서
자연스러운 관계를 이어 나갈 수 있을 거야.

이성 교제

이성 친구와
더 가깝게 지내고 싶을 때

같은 반 친구가 자꾸 신경 쓰여요. 친구로만 지내기엔 더 알고 싶고 가까워지고 싶어요. 그런데 그 친구는 조용한 편이고 책 읽는 걸 좋아해서 말을 거는 것도 쉽지 않아요. 괜히 너무 다가갔다가 부담스럽게 느껴진 않을지 걱정되는데 그렇다고 아무 말도 안 하면 이 기회를 놓칠 것 같아서 고민돼요.

나도 다가가고 싶은데, 자연스럽게 말할 방법이 없을까? 그 친구가 나를 이상하게 생각하면 어떡하지?

강점 보석 솔루션

호기심 ✦ 보석 **관심 가지고 다가가기**

친구에 대해 궁금한 게 있다면 그 마음을 표현해도 좋아. 호기심 보석은 알고 싶다는 관심을 자연스럽게 드러내는 힘이야. 그 친구가 좋아하는 주제로 가볍게 다가가 보자.

▶ 네가 읽는 책 제목이 궁금해. 어떤 내용이야?

▶ 나도 책 좋아하는데 혹시 추천해 줄 만한 책 있어?

배려 ✦ 보석 **친구의 마음을 존중하며 다가가기**

아무리 친해지고 싶어도 친구의 속도를 지켜 주는 게 중요해. 배려 보석은 상대방의 마음을 헤아리며 다가갈 수 있게 도와줘. 천천히 조심스럽게 말을 건네면 부담스럽지 않게 가까워질 수 있어.

▶ 책 읽는 시간에 방해하고 싶진 않아. 끝나고 나랑 얘기해 줄래?

▶ 네가 편할 때 조금씩 이야기 나누면 좋겠어.

내 안에 반짝이는 강점 보석함

서로 알아 가는 데는
시간이 필요해

◆◆◆

친해지는 건 어느 날 갑자기 되는 게 아니야.
말 한마디, 관심 한 번, 웃으며 눈 마주치기 같은
작고 따뜻한 순간들이 쌓이면서 천천히 가까워지지.
너무 조급해하지 말고 네 마음이 향하는 방향으로
천천히 걸어가 보자.
그게 특별한 우정의 시작이 될 수 있어!

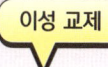 **이성 교제**

내 비밀을 다른 친구들에게 퍼뜨렸을 때

 믿었던 친구에게 털어놓은 내 비밀이 반 전체에 퍼졌다는 걸 알게 됐어요. 처음엔 너무 놀랐는데 이제는 화가 나고 억울해요. 다른 친구들과 있는 것도 불편하고 앞으로 누구한테 내 이야기를 해도 괜찮을지 모르겠어요.

강점 보석 솔루션

(표현력 ✦ 보석) **내 감정 솔직하고 담담하게 표현하기**

비밀이 퍼졌을 때 가장 상처받는 건 믿었던 마음이 무너지는 거야. 그럴수록 속마음을 꾹 누르지 말고 차분하게 꺼내 보는 게 필요해. 직접 말하고 나면 억울했던 마음이 조금은 가벼워질 수 있어.

▶ 나는 널 믿고 비밀을 말했는데, 다른 친구들도 알고 있어서 너무 속상해.

▶ 나는 그 이야기를 쉽게 꺼낸 게 아니었어. 그래서 더 마음이 아파.

(신중함 ✦ 보석) **다시 털어놓을 때는 조심스럽게 선택하기**

한 번 실망했다고 해서 모든 사람을 나쁘게 볼 필요는 없어. 하지만 다시 마음을 나눌 때는 조금 신중해지는 것도 도움이 될 거야. 신중함 보석이 네 마음을 더 안전하게 지킬 수 있도록 지혜를 건네줄 거야.

▶ 다음부터는 내 이야기를 믿고 지켜 줄 수 있는 사람인지 잘 살펴볼 거야.

▶ 조심스럽게 선택하면 내 마음을 더 편안하게 지킬 수 있어.

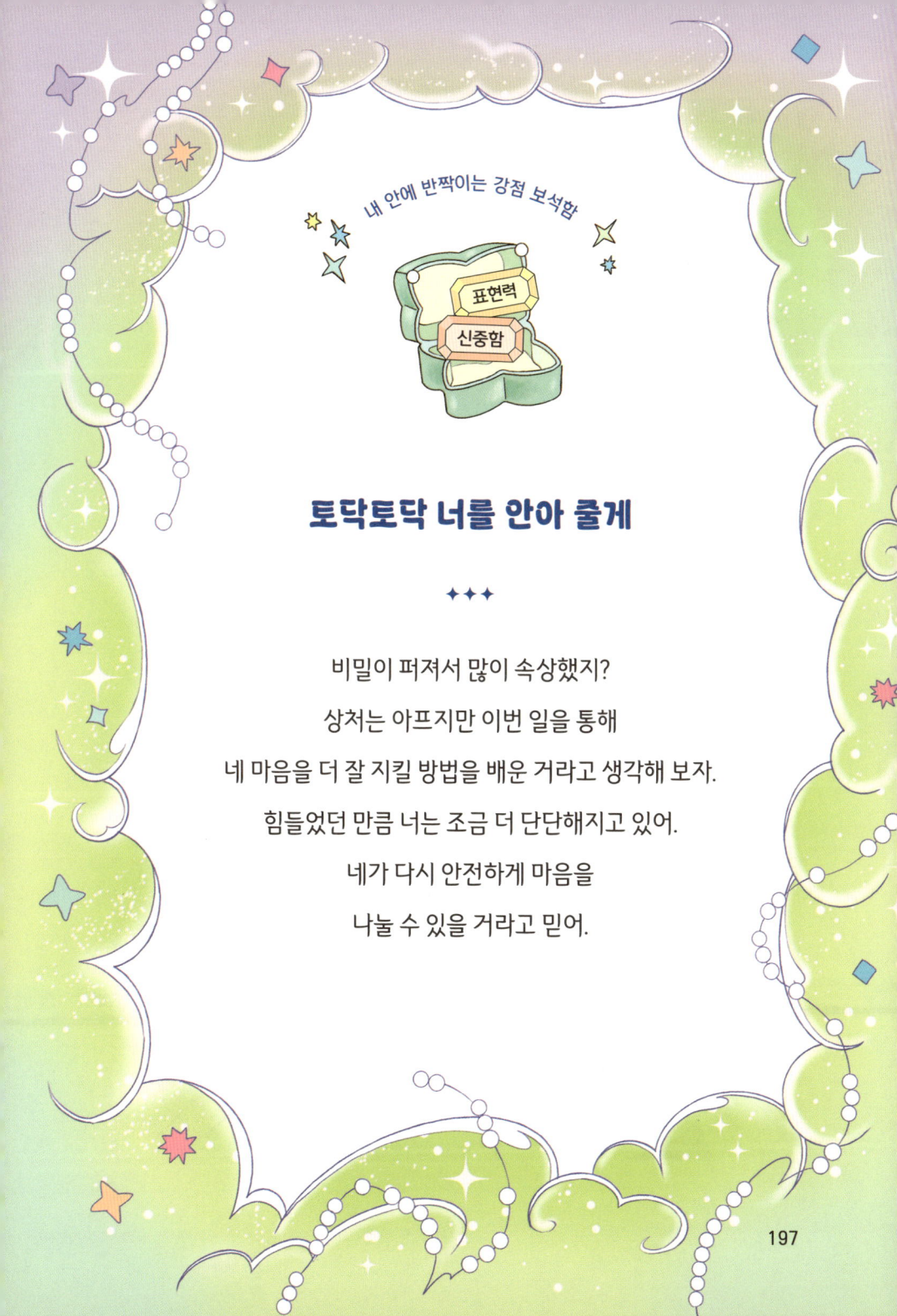

토닥토닥 너를 안아 줄게

✦✦✦

비밀이 퍼져서 많이 속상했지?
상처는 아프지만 이번 일을 통해
네 마음을 더 잘 지킬 방법을 배운 거라고 생각해 보자.
힘들었던 만큼 너는 조금 더 단단해지고 있어.
네가 다시 안전하게 마음을
나눌 수 있을 거라고 믿어.

이성 교제

원하지 않는데 내 몸을 만질 때

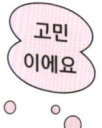 고민이에요

좋아하는 친구가 장난처럼 내 어깨나 팔을 자주 툭툭 치고 머리를 쓰다듬어요. 처음엔 별일 아니라고 생각했는데 점점 그 행동이 불편해요. 그런데 괜히 내가 예민한 사람처럼 보일까 봐 아무 말 못 하고 있어요.

강점 보석 솔루션

(경계 설정 ✦ 보석) **내 몸과 마음에 필요한 선 지키기**

친구의 행동이 장난처럼 보여도 내가 불편하다면 그건 분명히 알려야 해. 경계 설정 보석은 내 몸과 마음에 필요한 선을 분명히 세우고 지켜 내도록 도와주는 힘이야. 그 선을 분명하게 전해야 나 자신을 지킬 수 있어.

▶ 장난인 건 알지만 그런 건 나한텐 불편해.

▶ 나는 신체 접촉보다는 말로 장난치는 게 좋아.

(용기 ✦ 보석) **두려워도 한마디 내뱉기**

예민해 보일까 봐 망설일 수 있지만 내 마음을 지키려면 용기가 꼭 필요해. 용기 보석은 두렵거나 떨릴 때도 필요한 말을 꺼낼 힘을 줘. 친구도 네 마음을 알고 나면 오히려 더 배려하게 될 거야.

▶ 사실 말하기 조금 망설였는데, 네가 알았으면 해서 얘기하는 거야.

▶ 혹시 예민하게 들리더라도 내 마음을 지켜 주면 고맙겠어.

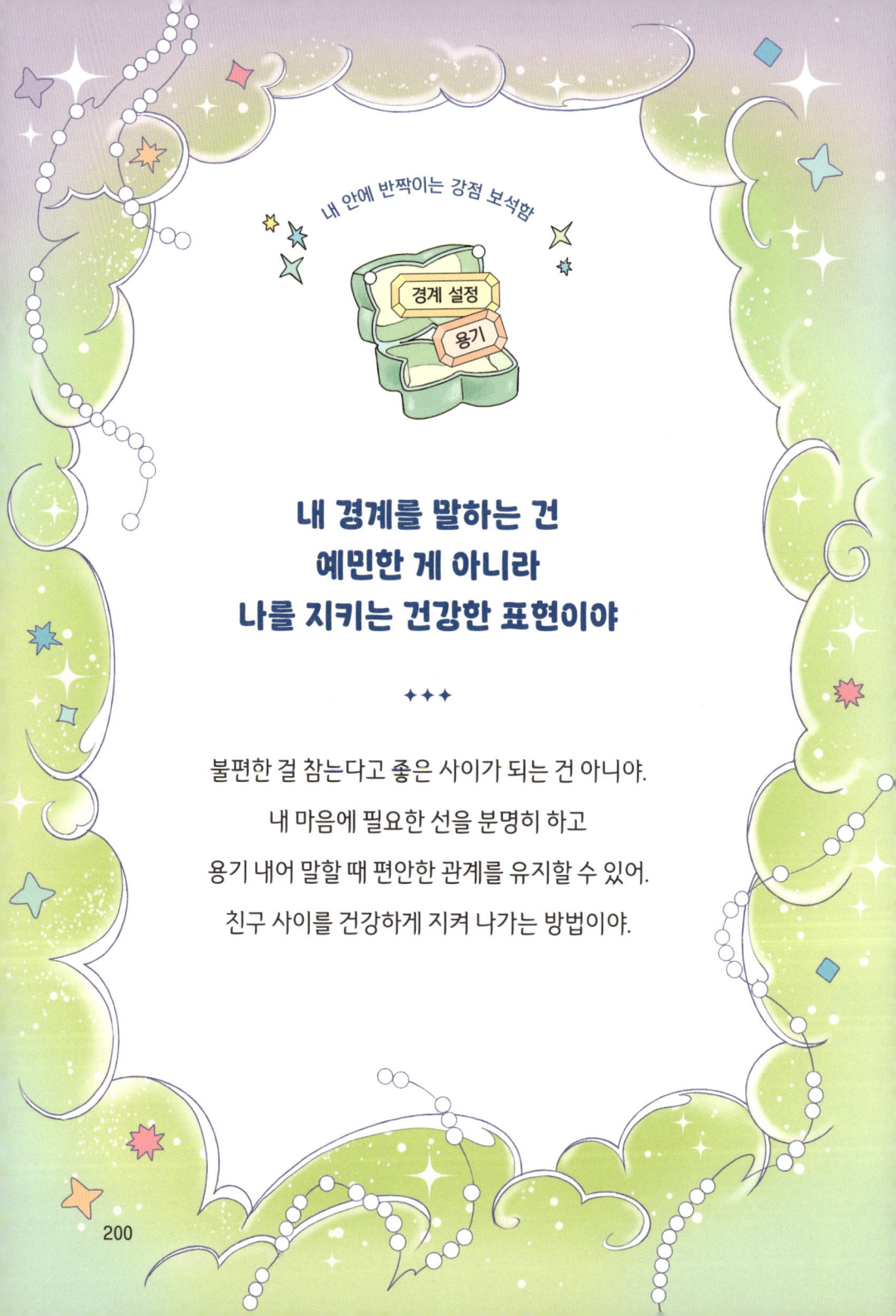

내 안에 반짝이는 강점 보석함

경계 설정
용기

내 경계를 말하는 건
예민한 게 아니라
나를 지키는 건강한 표현이야

✦✦✦

불편한 걸 참는다고 좋은 사이가 되는 건 아니야.
내 마음에 필요한 선을 분명히 하고
용기 내어 말할 때 편안한 관계를 유지할 수 있어.
친구 사이를 건강하게 지켜 나가는 방법이야.

이성 교제

이성 친구와 더 이상 만나고 싶지 않을 때

고민이에요

지금 사귀고 있는 친구와 더 이상 만나고 싶지 않아요. 하지만 친구가 상처받을까 봐 어떻게 말해야 할지 계속 망설여져요. 좋은 친구로 남고 싶은데 괜히 어색해지거나 멀어질까 봐 걱정돼요.

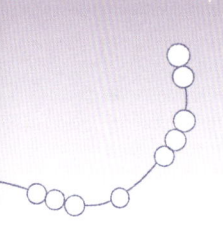

강점 보석 솔루션

자율성✦보석 마음과 선택을 지킬 수 있어

사귀는 걸 이어 가지 않기로 한 건 네가 스스로 내린 중요한 선택이야. 자율성 보석은 다른 사람의 반응에 끌려가지 않고 내 기준을 분명히 지킬 수 있는 힘이야. 용기 내어 네 마음을 솔직하게 전해 보자.

▶ 많이 고민했는데 이제는 친구로 지내는 게 더 편할 것 같아.

▶ 내 마음을 존중하려고 해. 그래서 솔직하게 이야기하는 거야.

존중✦보석 상대의 마음을 소중히 여기며 관계 이어가기

거절한다고 해서 꼭 사이가 틀어져야 하는 건 아니야. 존중 보석은 친구의 감정을 아끼면서 부드럽게 정리할 수 있도록 도와줘. 지금까지 함께한 시간을 고맙게 여기고 앞으로도 편한 친구로 지내고 싶다는 마음을 따뜻하게 전해 보자.

▶ 너와 지낸 시간은 고마웠어. 그래서 앞으로도 좋은 친구로 남고 싶어.

▶ 지금은 조금 어색할 수 있겠지만 서로를 존중한다면 예전처럼 웃을 수 있을 거야.

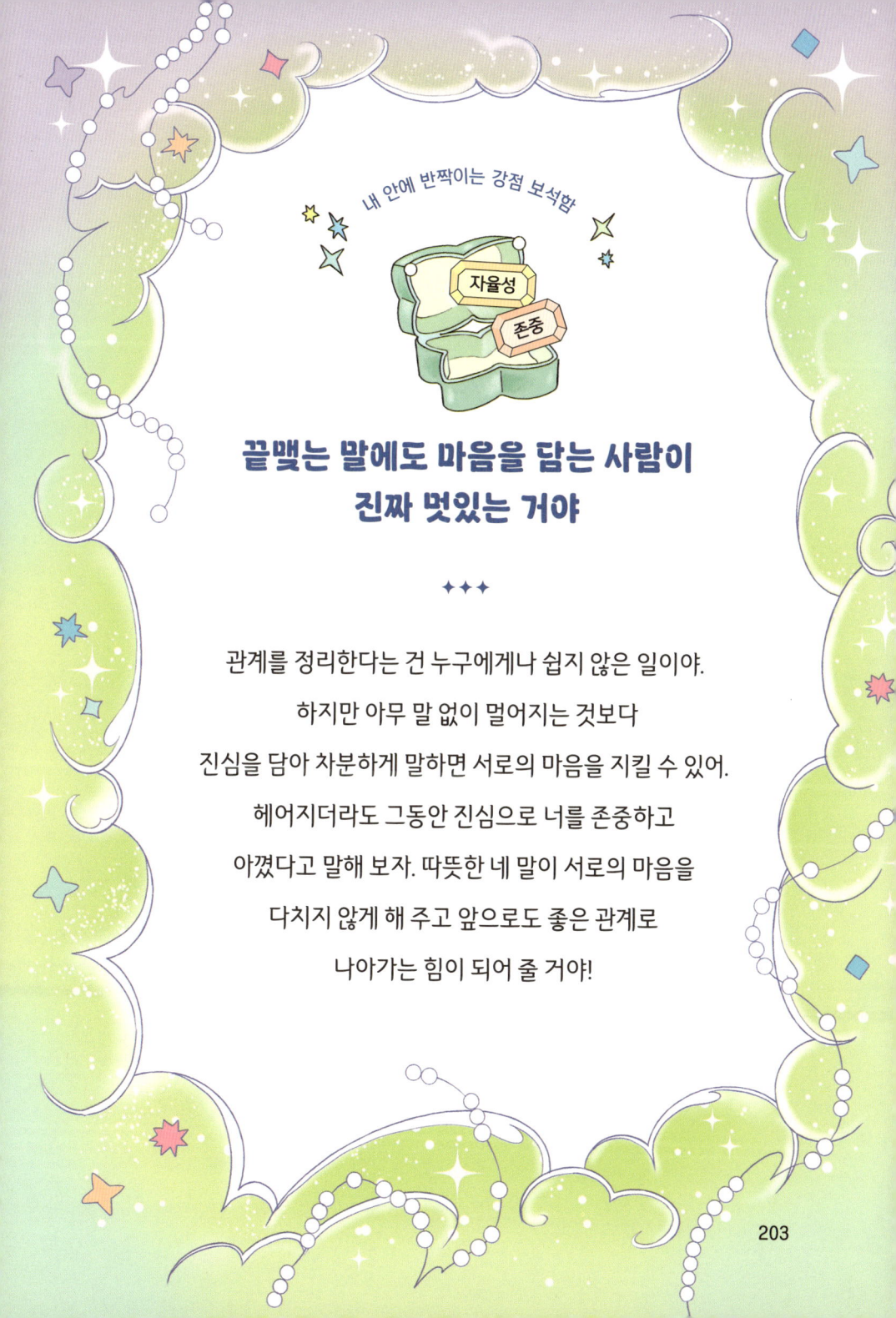

끝맺는 말에도 마음을 담는 사람이 진짜 멋있는 거야

◆◆◆

관계를 정리한다는 건 누구에게나 쉽지 않은 일이야.
하지만 아무 말 없이 멀어지는 것보다
진심을 담아 차분하게 말하면 서로의 마음을 지킬 수 있어.
헤어지더라도 그동안 진심으로 너를 존중하고
아꼈다고 말해 보자. 따뜻한 네 말이 서로의 마음을
다치지 않게 해 주고 앞으로도 좋은 관계로
나아가는 힘이 되어 줄 거야!

네 안에 빛나는 6가지 힘 40가지 강점 보석

네 안에는 눈에 보이지 않지만 언제든 꺼내 쓸 수 있는 6가지 힘과 40가지 강점 보석이 있어. 이 보석은 네가 학교생활을 할 때나 어려움에 부딪혔을 때 너를 지켜 주고 앞으로 나아가도록 도와줄 거야. 다음의 강점들을 하나씩 읽으면서 네 안의 힘을 떠올려 봐.

| 1 | **생각하고 배우는 힘 — 지혜**
새로운 것을 배우고 탐구하며 문제를 풀어 가는 힘 |

① 호기심: 새로운 것을 알고 싶어 하는 마음
② 열린 태도: 다른 생각과 관점을 받아들이는 태도
③ 문제해결력: 문제 상황에서 여러 방법을 떠올리고 가장 좋은 길을 찾는 능력
④ 창의성: 새로운 생각을 떠올리고 독창적인 방법으로 표현하는 힘
⑤ 계획성: 목표를 세우고 체계적으로 준비하며 실행하는 습관
⑥ 새로운 시도: 아직 해 보지 않은 일도 두려워하지 않고 도전하는 자세

| 2 | **마음을 나누고 연결하는 힘 — 인간애**
다른 사람을 이해하고 배려하며 따뜻한 관계를 맺는 힘 |

⑦ 공감 능력: 다른 사람의 감정을 함께 느끼고 이해하는 힘
⑧ 배려: 다른 사람의 입장을 생각하며 행동하는 마음
⑨ 친밀함: 가까운 사람과 따뜻하게 관계 맺는 태도
⑩ 표현력: 내 생각과 느낌을 상황에 맞게 분명하게 나타내는 능력

3. 두려워도 끝까지 해내는 힘 — 용기
자신을 믿고 행동하며 어려움 속에서도 나아가는 힘

⑪ 용기: 두렵지만 끝까지 포기하지 않고 해내는 태도
⑫ 인내: 힘들고 지루해도 묵묵히 견뎌 내는 태도
⑬ 열정: 하고 싶은 일에 애정을 가지고 즐겁게 해내는 에너지
⑭ 실행력: 생각한 일을 실제로 행동하는 능력
⑮ 자신감: 스스로 할 수 있다고 믿고 나아가는 마음
⑯ 진정성: 마음을 있는 그대로 숨기지 않고 말과 행동이 같게 하는 태도
⑰ 단호함: 옳다고 생각하는 것을 흔들림 없이 밀어붙이는 결단력

4. 스스로 조절하고 다스리는 힘 — 절제
마음을 가라앉히고 상황에 맞게 선택하며 균형을 지키는 힘

⑱ 신중함: 행동하기 전에 여러 번 생각하고 조심하는 태도
⑲ 자기 성찰: 자기 행동을 돌아보고 더 나은 방향을 찾는 과정
⑳ 침착함: 어려운 상황에서도 흔들리지 않고 차분히 행동하는 태도
㉑ 유연함: 상황에 맞게 생각과 태도를 바꿀 수 있는 능력
㉒ 경계 설정: 다른 사람과 나 사이의 적절한 선을 정하고 지키는 힘
㉓ 자율성: 남의 기준에 끌려가지 않고 스스로 선택하고 책임지는 자세
㉔ 용서: 잘못이나 상처를 덮고 다시 관계를 이어가는 마음가짐

5 함께 어울리고 지키는 힘 — 정의
협력하고 나누며 공동체를 바르게 세워 가는 힘

㉕ 정의감: 옳고 그름을 분명히 알고 공정하게 행동하려는 힘

㉖ 존중: 높이어 귀중하게 여기는 태도

㉗ 협력: 힘을 모아 서로 돕는 태도

㉘ 책임감: 맡은 일을 끝까지 해내고 결과를 책임지는 자세

㉙ 신뢰: 약속을 지키고 서로 믿을 수 있도록 행동하는 힘

㉚ 소통: 자기 생각을 전하고 다른 사람 이야기를 주의 깊게 듣는 힘

㉛ 조율: 다른 의견을 모아 모두가 함께할 수 있는 길을 찾는 힘

㉜ 설득력: 내 의견을 분명하고 논리적으로 말해 상대가 납득하도록 하는 힘

㉝ 자기 주도성: 앞장서서 이끌고 상황을 움직이는 성향

㉞ 기여: 다른 사람과 공동체를 위해 자기 몫을 다하는 태도

6 삶을 새롭게 바라보고 다시 일어서는 힘 — 초월
의미를 찾고 감사하며 자신을 존중하고 다시 일어서는 힘

㉟ 의미 찾기: 내가 하는 일과 삶의 소중한 이유와 가치를 발견하는 힘

㊱ 감사: 받은 도움이나 좋은 일을 당연하게 여기지 않고 마음을 표현하는 태도

㊲ 수용: 이미 일어난 일이나 내 마음을 있는 그대로 받아들이는 자세

㊳ 회복탄력성: 실패나 어려움이 있어도 다시 일어서는 힘

㊴ 유머 감각: 웃음을 잃지 않고 상황을 유쾌하게 풀어 가는 힘

㊵ 자기 존중: 스스로를 귀하게 대하는 마음가짐

※ 이 책에 수록된 40가지 강점 보석은 긍정심리학의 〈성격 강점 및 덕목에 대한 VIA 분류 체계〉를 바탕으로 어린이의 발달 수준과 학교생활 맥락에 적합하도록 재구성한 것입니다. VIA 분류체계가 제시하는 6개 핵심 덕목과 하위 24가지 성격 강점을 토대로 아이들이 직관적으로 이해할 수 있도록 생활 언어로 풀어냈고, 실제 교실에서 아이들이 자주 발휘하거나 필요로 하는 힘을 추가 보완하여 제시했습니다.

네 안에서
반짝반짝 빛나는
강점 보석을 모두 찾았니?
아직 다 꺼내지 못해도 괜찮아.
너는 이미 충분히
빛나고 있어.

양육자님께 드리는 글

우리 아이의
숨은 강점 보석을 발견하고
키워 주세요

아이들은 학교생활 속에서 크고 작은 불안을 마주합니다. 발표하다가 막혀 얼굴이 화끈거릴 때도 있고 친구와 어색해져 혼자 교실 구석에 앉아 있을 때도 있어요. 작은 실수 하나로 마음이 무너져 버릴 때도 있지요. 그럴 때도 쉽게 무너지지 않고 다시 일어나는 아이들이 있습니다. 바로 '내 안에 이미 힘이 있다'는 믿음을 가진 아이들입니다. 이 믿음을 지닌 아이는 어떤 상황에서도 자기 안의 힘을 꺼내 쓰면서 앞으로 나아갑니다.

아이들은 누구나 자기만의 강점 보석을 지니고 있습니다. 어떤 보석은 반짝이며 드러나 있지만 어떤 보석은 아직 숨어 있어 스스로도 깨닫지 못할 때가 있어요. 이럴 때 양육자가 곁에서 그 빛을 발견해 주고 다듬어 주면 아이는 자기 안의 보석을 꺼내 더욱 크게 빛을 발할 수 있습니다.

양육자가 아이와 함께 내면의 강점 보석을 발견하는 데 도움이 되는 심리학적 틀이 있습니다. 미국의 심리학자 조셉 루프트와 해링턴 잉햄이 만든 〈조하리의 창〉으로 자기 자신과 타인의 시선을 통해 나를 네 가지 영역으로 나누어 보는 방법입니다. 아이의 강점을 발견하는 데에도 활용하면 도움이 될 수 있습니다.

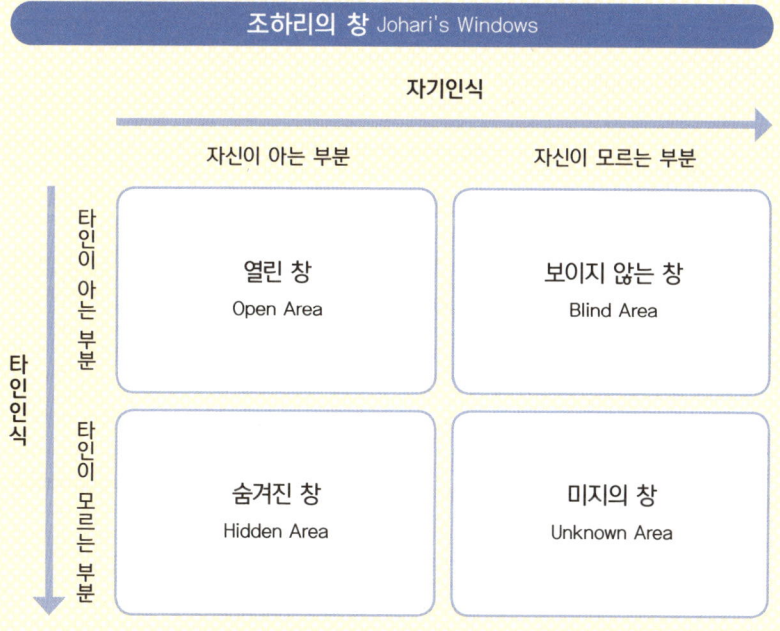

① 모두가 아는 강점 영역(Open Area)

아이도 알고 양육자도 아는 눈에 잘 띄는 강점 보석입니다. 자신감 있게 발표하거나 새로운 친구에게 먼저 다가가는 모습처럼 드러나 보이는 힘이지요.

양육자의 역할: "그건 너만의 특별한 강점이야."라고 자주 인정해 주세요. 칭찬과 격려는 아이가 자신의 강점 보석을 분명히 인지하고 자신감 있게 키워 나갈 수 있도록 돕습니다.

② 곁에서 발견해 주는 강점 영역(Blind Area)

아이는 눈치채지 못하지만 양육자가 먼저 발견한 강점 보석입니다. 한 가지에 끈기 있게 몰입하는 모습, 다른 아이들의 말을 끝까지 들어 주는 태도처럼 스스로 의식하지 못한 채 발휘하는 힘입니다.

양육자의 역할: "네가 아까부터 책 읽는 데 1시간 넘게 집중하고 몰입하더라. 그거 정말 어려운 건데 대단하다!"처럼 상황과 연결해서 구체적으로 말해 주세요. 아이가 자기 안의 새로운 힘을 깨닫고 자기 탐구의 폭을 넓혀 가도록 독려해 주세요.

3 아이만 아는 강점 영역(Hieedn Area)

마음속에 있지만 아직 바깥으로 꺼내지 않은 강점 보석입니다. 이를테면 혼자 있을 때는 호기심도 많고 새로운 시도를 좋아하지만 막상 바깥으로 드러내지 않는 경우입니다.

양육자의 역할: 아이가 스스로 꺼내 보일 수 있도록 열린 태도로 안전한 분위기를 만들어 주세요. 아이가 자신만의 속도로 보석을 꺼내도록 "괜찮아, 네가 준비됐을 때 보여 줘도 돼."라고 용기를 북돋워 주세요.

4 아직 아무도 모르는 강점 영역(Unknown Area)

잠재되어 있지만 아직 숨겨진 강점 보석으로, 새로운 경험을 통해서 그 영향력이 드러날 수도 있습니다. 예를 들어 처음으로 동아리 회장 역할을 맡았을 때 아이가 이전까지 보이지 않았던 리더십을 발휘하며 친구들을 주도적으로 이끌 수 있어요.

양육자의 역할: 다양한 경험의 문을 열어 주세요. 새로운 상황 속에서 아이가 그동안 몰랐던 강점을 스스로 발견할 수 있도록 기회를 주세요. 실패처럼 보이는 순간도 새로운 보석을 찾는 과정이라고 말해 주세요.

아이들은 '내 안에도 힘이 있구나.'라는 사실을 깨닫는 순간 눈빛이 달라집니다. 우리 아이가 자기 안의 힘을 믿고 꺼내 쓸 수 있도록 이 책을 곁에 두어 주세요. 학교생활이 불안하고 막막한 순간에 아이가 스스로 힘을 발견하도록 이끌어 줄 것입니다.

이 책이 양육자님에게는 아이의 가능성을 바라보는 눈이 되고 아이에게는 스스로 성장의 길을 열어 가는 힘이 되기를 바랍니다.

이현아

초판 1쇄 발행 2025년 10월 15일

글 이현아 **그림** 모차
펴낸이 김태헌 **총괄** 임규근 **책임편집** 정명순 **디자인** dal.e
영업 문윤식, 신희용, 조유미 **마케팅** 신우섭, 손희정, 박수미, 송수현 **제작** 박성우, 김정우
펴낸곳 한빛에듀 **주소** 서울특별시 서대문구 연희로2길 62 한빛미디어(주) 실용출판부
전화 02-336-7129 **팩스** 02-325-6300
등록 2015년 11월 24일 제2015-000351호 **ISBN** 979-11-6921-431-5 73190

이 책에 대한 의견이나 오탈자 및 잘못된 내용은 출판사 홈페이지나 아래 이메일로 알려 주십시오.
파본은 구매처에서 교환하실 수 있습니다. 책값은 뒤표지에 표시되어 있습니다.
한빛에듀 홈페이지 edu.hanbit.co.kr 이메일 edu@hanbit.co.kr

지금 하지 않으면 할 수 없는 일이 있습니다.
책으로 펴내고 싶은 아이디어나 원고를 메일(writer@hanbit.co.kr)로 보내 주세요.
한빛미디어(주)는 여러분의 소중한 경험과 지식을 기다리고 있습니다.

제품명 학교생활이 불안할 때 똑똑하게 돌파하는 법 **제조사명** 한빛미디어 **제조년월** 2025년 10월 **대상연령** 8세 이상
제조국 대한민국 **전화번호** 02-336-7129 **주소** 서울시 서대문구 연희로2길 62
주의사항 책의 모서리에 다치지 않게 주의하세요. *KC마크는 이 제품이 공통안전기준에 적합하였음을 의미합니다.